Tina Krogull

Geheimnisse und Missverständnisse rund um die Katze

Tina Krogull

Geheimnisse und Missverständnisse rund um die Katze

Meine Katze und ich

Bloggingbooks

Impressum / Imprint
Bibliografische Information der Deutschen Nationalbibliothek: Die Deutsche Nationalbibliothek verzeichnet diese Publikation in der Deutschen Nationalbibliografie; detaillierte bibliografische Daten sind im Internet über http://dnb.d-nb.de abrufbar.

Bibliographic information published by the Deutsche Nationalbibliothek: The Deutsche Nationalbibliothek lists this publication in the Deutsche Nationalbibliografie; detailed bibliographic data are available in the Internet at http://dnb.d-nb.de.

Coverbild / Cover image: www.ingimage.com

Verlag / Publisher:
Bloggingbooks
ist ein Imprint der / is a trademark of
OmniScriptum GmbH & Co. KG
Heinrich-Böcking-Str. 6-8, 66121 Saarbrücken, Deutschland / Germany
Email: info@bloggingbooks.de

Herstellung: siehe letzte Seite /
Printed at: see last page
ISBN: 978-3-8417-7143-8

Meine Katze und ich

Die 10 Gebote der Katze an den Menschen

1. Gebot

Mein Leben dauert 15 bis 20 Jahre. Jede Trennung von Dir wird für mich Leiden bedeuten. Bedenke es, ehe Du mich anschaffst.

2. Gebot

Gib mir Zeit zu verstehen, was Du von mir verlangst.

3. Gebot

Pflanze Vertrauen in mich, denn ich lebe davon.

4. Gebot

Zürne nie lange mit mir und sperre mich nicht zur Strafe ein. Du hast Deine Arbeit, Deine Freunde, ich habe nur Dich.

5. Gebot

Sprich manchmal mit mir. Wenn ich auch Deine Worte nicht alle verstehe, so doch deine Stimme, die sich an mich wendet.

6. Gebot

Wie immer Du an mir handeln wirst. Ich vergesse es nie.

7. Gebot

Bedenke, ehe Du mich schlägst, meine Pfoten sind schnell, meine Krallen scharf und können arg verletzen. Und doch tue ich es nie.

8. Gebot

Ehe Du mich unwillig beschimpfst, so bedenke, vielleicht plagt mich ein ungeeignetes Futter oder ich habe ein trauriges Herz.

9. Gebot

Kümmere Dich um mich, wenn ich alt werde, Du wirst es auch einmal sein.

10. Gebot

Gehe jeden Weg mit mir und sei er noch so schwer. Sag nie “So etwas kann ich nicht sehen.“ oder “Es soll nicht in meiner Gegenwart geschehen.“, denn alles ist leichter für mich, wenn Du da bist.

Autor unbekannt

Meine Katze und ich

Meine Katze und ich

Vorwort

Mit meinem Blog **Meine Katze und ich** möchte ich Katzenhaltern und Katzeninteressierten die Geheimnisse und Verhaltensweisen unserer Katzen näherbringen und Missverständnisse ausräumen.

Es gibt so viele Aspekte und Themen rund um die Katze, dass der Blog sicher noch viele kommende Artikel bereithalten wird. Dieses Bloggingbook ist eine kleine Zusammenstellung von Artikeln aus dem Blog, die Katzenhalter und Katzeninteressierte auch in der Hand halten und offline lesen können.

Meine Katze und ich

Meine Katze und ich

Inhalt

Meine Katze und ich

Katzenpsychologie

Der eine oder andere wird sich sicher schon gefragt haben, was ein Katzenpsychologe eigentlich macht. Sicher belächeln viele Aussagen wie „Ich bin Katzenpsychologe.“ oder „Ich habe mich an einen Katzenpsychologen gewandt.“. Denn eine Katze im klassischen Sinn auf die Couch zu legen und sie nach ihren Problemen zu fragen ist nicht wirklich möglich.

Ein Katzenpsychologe ist ein Vermittler zwischen Katze und Halter. Ein Katzenpsychologe kann helfen, wenn Halter ihre Katze oder das Verhalten ihrer Katze als Problem sehen und es keine gesundheitliche Ursache dafür gibt.

Die vom Halter gesehenen Probleme entstehen in der Regel aus Missverständnissen zwischen Katze und Halter. Hier kann ein Katzenpsychologe in enger Zusammenarbeit mit dem Halter Abhilfe schaffen und die oft für beide Seiten unangenehme Situation verbessern oder sogar gänzlich ausräumen.

Der Katzenpsychologe analysiert die aktuelle Gesamtsituation im Zusammenleben der Katze mit dem Halter. Dinge wie die Wohnsituation, Bezugsperson(en) und mögliche Erkrankungen spielen dabei eine Rolle. Der Katzenpsychologe wird versuchen eine Empfehlung zur Besserung der Problemsituation zu geben. Die Einsicht des Halters ist hierbei sehr wichtig, denn es geht nicht darum, das Wesen der Katze zu ändern.

Die Katze ist wie wir Menschen ein Säugetier, aber sie ist ein Raubtier. Daher ist Kratzen an Möbeln, Beutetiere nach Hause bringen und Kratzen und Beißen Verhalten, das den natürlichen Eigenschaften und Instinkten der Katze entspricht.

Ein Fehler, den wir Menschen gern bei unseren Katzen machen, ist sie zu vermenschlichen. Es liegt in unserer Natur menschliche Eigenschaften unseren Katzen zu zu schreiben, die sie gar nicht haben. Z. B. Würde eine Katze nie irgendwo hinpieseln, weil sie sich an uns rächen will, weil wir zu spät nach Hause gekommen sind oder Ähnliches.

Vor der Anschaffung einer Katze sollte sich der Mensch darüber bewusst sein, dass eine Katze, egal, ob sie nur in der Wohnung lebt oder als Freigängerin unterwegs ist, ein Raubtier ist. Als Raubtier liegt das Jagen in ihrer Natur. Klettern auf Möbel oder an Gardinen hoch, ist genauso normal, wie das Nachhausebringen von Beutetieren.

Sinne der Katze

Die Sinne der Katze sind auf ihr Leben als „Raubtier“ ausgerichtet. Eine Katze verfügt wie wir Menschen über die Sinne:

- Sehen
- Hören
- Riechen
- Schmecken
- Tasten

Allerdings sind die Sinne der Katzen anders ausgeprägt als bei uns. Außer diesen 5 Sinnen verfügen Katzen allerdings noch über weitere Sinne, wie den Gleichgewichtssinn, der zwar grundsätzlich auch beim Menschen vorhanden ist, bei der Katze aber weitaus besser funktioniert und natürlich der Ortssinn, der Katzen die Fähigkeit selbst über große Entfernungen ihr Heim wiederzufinden verleiht.

Sehen

Katzen sehen am besten auf eine Distanz von 4 bis 6 Metern, von oberhalb von mindestens 25 cm über dem Boden. Sie haben mit ihren Augen einen Sehwinkel von etwa 200° . Das Gesichtsfeld einer Katze, d. h. der Bereich, in dem diese ohne eine Drehung des Kopfes sehen kann, ist dadurch erheblich größer als das unsere.

Bei Dunkelheit können sich die Pupillen der Katze bis etwa 90 Prozent der Augenfläche weiten und es reicht ihr noch ein Sechstel der Lichtmenge, die ein menschliches Auge benötigen würde, um ein Bild zu sehen. Grund für diese besondere Leistung der Augen ist der Aufbau des Katzenauges, das sich vom menschlichen Auge in einigen wichtigen Punkten unterscheidet.

Die Zapfen im Auge einer Katze sind zum Farbsehen – grün/blau – da. Katzen können Farben unterscheiden. Blau, Grün und Gelb werden gut, Rot wahrscheinlich gar nicht gesehen.

Die Katze verfügt im Gegensatz zum Menschen nur über 26.000 Zapfen pro mm², der Mensch über 146.000 Zapfen pro mm². Dagegen ist die Anzahl der Stäbchen im Auge der Katze mit 460.000 pro mm² deutlich höher als beim Menschen mit nur 160.000 pro mm².

Der Sehnerv der Katze besteht aus etwa 1,1 Mio. Fasern. Bei uns Menschen sind es nur etwa 85.000 Fasern.

Aufgrund der Tapetum lucidum[1] kann eine Katze im Dunkeln 6-fach besser sehen als der Menschen. Das Tapetum lucidum ist übrigens auch der Grund dafür, dass Katzenaugen bei Dunkelheit leuchten, sofern sie von einem Lichtstrahl berührt werden.

Hören

Katzen verfügen auch über ein ausgezeichnetes Gehör. Die Katzen hören zwischen 30 Hz bis über 100.000 Hz, der Mensch je nach Alter etwa 15 Hz bis ca. 20.000 Hz. Katzen können mit ihrem Gehör die Höhe einer Schallquelle über dem Boden bestimmen und sie können Schallquellen, die hintereinanderliegen unterscheiden. Dies dient unter anderem dazu die Richtung von Objekten zu definieren, und auch ob etwas auf sie zu kommt oder sich entfernt.

Selbst das leiseste Rascheln und das leichteste Quieken von Nagetieren wird noch erfasst. Auch das Umblättern einer Zeitschrift oder eines Buches ist für die Katze gut hörbar. Viele elektronische Geräte, wie Digitalkameras erzeugen Töne im für uns Menschen nicht hörbarem Bereich, die für Katzen aber sogar störend wirken können.

Aus eigener Erfahrung weiß ich, dass unsere Katzen selbst aus dem tiefsten

[1] Tapetum lucidum – eine reflektierende Schicht bezeichnet, die sich hinter der Netzhaut des Auges befindet. Die Schicht spiegelt das Licht, das die Netzhaut bereits passiert hat, nochmals zurück.
Quelle: Wikipedia

Schlaf wach werden, wenn ich die Kamera anmache und das Objektiv ausgefahren wird.

Die Ohren einer Katzen lassen sich unabhängig voneinander in fast alle Richtungen drehen, wodurch es ihr möglich ist, Beutetiere regelrecht zu orten und selbst bei Dunkelheit durch einen gezielten Sprung zu erwischen.

Riechen

Der Geruchssinn von Katzen ist etwa doppelt so gut wie der des Menschen, ist andererseits aber nicht so gut wie der eines Hundes.

Zum Riechen verfügen Katzen über ca. 20 cm^2 Riechfläche, der Mensch hat nur etwa 2 cm^2 Riechfläche. Alle 2 bis 3 Monate setzt die Riechzellenmauser ein und die Riechzellen der Katze erneuern sich.

Bei der Wahrnehmung mancher Gerüche, Baldrian, Katzenminze etc. reagieren viele Katzen regelrecht berauscht. Zum Riechen nutzen die Katzen auch das Jacobsonsche Organ[2]. Sie flehmen.[3]

Schmecken

Katzen verfügen über Geschmacksknospen auf der Zunge. Diese sind allerdings bei weitem nicht so ausgeprägt wie bei uns Menschen. Sie sind hauptsächlich darauf ausgerichtet, die für die Katze wichtigen tierischen Aminosäuren im Fleisch zu erkennen.

---

[2] Jacobsonsches Organ – es besteht aus winzigen Einbuchtungen (Durchmesser zwischen 0,2 und 2 Millimeter) auf beiden Seiten der Nasenscheidewand. Diese schlauchartigen Einbuchtungen stehen in Verbindung zum Jacobsonschen Knorpel (Paraseptalknorpel bzw. Cartilago paraseptalis). An der Kontaktstelle zum Knorpel befindet sich ein schwellkörperartiges Venengeflecht und Muskelzellen, mit deren Unterstützung Flüssigkeit in die Schläuche gesaugt bzw. wieder herausgedrückt werden kann.
Quelle: Wikipedia

[3] Flehmen – das gezielte und am geöffneten Maul und der Haltung erkennbare Wittern etlicher Tiere (beispielsweise Gämsen, Moschusochsen, Pferde, Katzen) nach spezifischen Gerüchen, zum Beispiel Geschlechtsgerüchen und insbesondere von Pheromonen mit Hilfe einer besonderen Entwicklung des Riechkolbens und des Jacobson-Organs. Beim Flehmen öffnen zum Beispiel Katzen das Maul ein wenig und strecken die Zungenspitze heraus. Beim Einatmen werden dann Geruchsstoffe am Gaumen entlang geleitet und können sowohl gerochen als auch geschmeckt werden.
Quelle: Wikipedia

Es gilt heute als sicher, dass Katzen nicht in der Lage sind, süß, wie Zucker, Honig, etc., zu schmecken. Sie können allerdings durchaus saure, salzige und bittere Substanzen unterscheiden.

Tasten

Katzen sind am gesamten Körper mit Tastrezeptoren ausgestattet. Es gibt etwa 15 verschiedene Tastrezeptorengruppen, die unterschiedliche Reaktionszeiten zum Gehirn haben. Katzen können schnell, langsam und Druck spüren.

Die Empfindlichkeit das Tastrezeptoren nimmt von vorn nach hinten am Körper ab. Der empfindlichste Bereich einer Katze ist im Schnauzenbereich. Dort verfügt die Katze über Tasthaare, schnelle Wärmerezeptoren, Druckrezeptoren und Haut-Tastsinnzellen.

Die Tasthaare sind die Schnurrhaare (Vibrissen), die sich an 3 Stellen am Kopf befinden. Sie dienen neben dem Tasten auch als Augenschutz und zur Orientierung.

Die Druckrezeptoren befinden sich auch an den Pfötchen. An jedem Ballen und auch zwischen den Zehen befinden sich die Druckrezeptoren. Katzen mögen es daher sehr, wenn sie sich über unterschiedliche Bodenarten (Teppich, Pappe, Handtuch, Laminat, Fliesen) bewegen können.

Kälte und Wärme werden von der Katze als 2 verschiedene Sinne wahrgenommen. Katzen reagieren ab 40 bis 42 °C auf Wärme. Kälte wird ab 20 bis 25 °C wahrgenommen. Daher kann es vorkommen, dass eine Katze über eine abkühlende Herdplatte läuft und nicht sofort merkt, dass die Platte noch zu heiß ist und sie sich gerade die Pfötchen verbrannt hat.

Sinne der Katze – Sehen (Augen)

Dass Katzen nachts besser sehen können als wir Menschen dürfte den meisten bekannt sein, aber was ist so anders an einem Katzenauge.

Der Aufbau des Katzenauges entspricht in seinen Grundzügen dem des menschlichen Auges. Es ist ebenfalls ein Linsenauge.

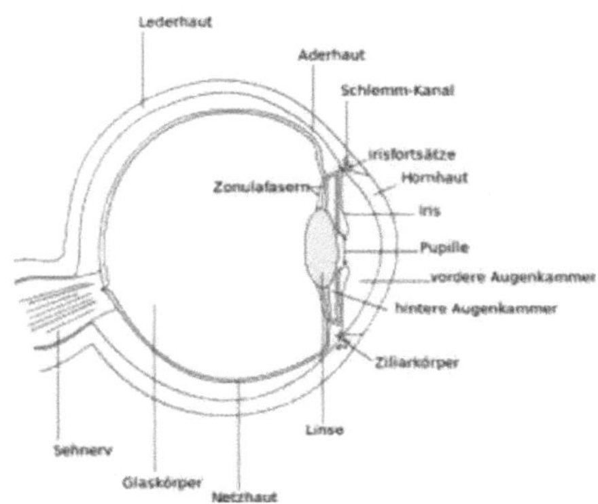

Quelle: Wikipedia (http://commons.wikimedia.org/wiki/File%3AEye_scheme_bw32.svg)

„Bei den höchstentwickelten Linsenaugen sammelt ein mehrstufiger dioptrischer Apparat das Licht und wirft es auf die Netzhaut, die nun zwei Arten von Sinneszellen enthält, Stäbchen und Zapfen. Die Einstellung auf Nah- und Fernsicht wird durch eine elastische Linse ermöglicht, die von Zonulafasern gestreckt bzw. gestaucht wird. Die besten Linsenaugen findet man bei Wirbeltieren."

Quelle: Wikipedia

Die Katze als Jägerin ist in der Lage etwa doppelt so viele Einzelbilder im Gehirn zu verarbeiten wie wir Menschen. Denn sie ist darauf angewiesen, neben „hell und dunkel", „Farben" und „Sichtfeld" auch sehr schnell der „Bewegung" folgen zu können.

Katzen gehen in der Regel in der Dämmerung – also morgens und abends – auf die Jagd. In dieser Zeit müssen die Katzen mit wenig Licht auskommen und trotzdem zielsicher ihre Beute finden.

Meine Katze und ich

Katzen können bei bis zu sechsmal weniger Licht als wir Menschen immer noch etwas sehen. Das Tapetum lucidum ist der Grund dafür.

„Das einfallende Licht passiert die Netzhaut, wird an dieser Schicht reflektiert und passiert die Netzhaut ein zweites Mal."

Quelle: Wikipedia

Aber auch Katzen können in totaler Dunkelheit nicht sehen. Sie verlassen sich dann auf ihre Vibrissen.

Je nach Umgebungslicht verändern die Katzen ihre Pupillen. Ist es sehr hell, ziehen unsere Hauskatzen ihre Pupillen zu einem senkrechten Strich zusammen. Anders die Großkatzen. Großkatzen ziehen ihre Pupillen klein und rund zusammen. Ist es relativ dunkel, sieht es bei allen Katzen manchmal so aus, dass das Auge nur noch aus der Pupille besteht, weil diese voll aufgemacht ist, um möglichst viel Licht ins Auge zu lassen.

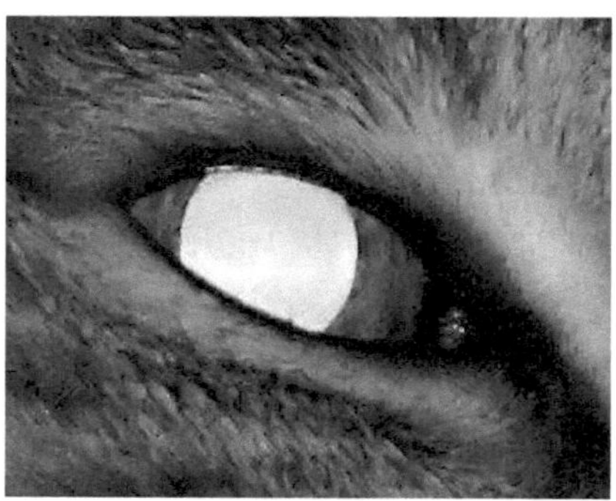

Foto: Tina Krogull - Meine Katze und ich
Weit geöffnete Pupille – das Tapetum lucidum reflektiert das einfallende Licht.

Foto: Tina Krogull - Meine Katze und ich
Schlitzförmige Pupille, aufgrund von hellem Umgebungslicht

Katzen können mit wenig Licht noch gut sehen und auch ihre Nachtsicht ist im Verhältnis zu uns Menschen sehr gut, aber dafür können Katzen weniger scharf sehen und die Farbenwahrnehmung ist auf Grün- und Blauschattierungen reduziert. Allerdings können sie auch nachts farbig sehen. Außerdem haben sie ein größeres Gesichtsfeld und können weitaus besser räumlich sehen als wir Menschen. Ihnen entgeht auch kaum eine Bewegung.

Sinne der Katze – Hören (Ohren)

Die Katzenohren stehen aufrecht, sind spitz bis rundlich und können in verschiedene Richtungen gedreht werden.

Die Ohren lassen sich unabhängig voneinander in einem weiten Radius drehen, wodurch es der Jägerin Katze möglich ist, Beutetiere aufgrund der Geräusche zu lokalisieren und auch bei Dunkelheit durch einen gezielten Sprung zu fangen.

Die Ohrmuscheln der Katze sind mit Ohrhaaren besetzt, um das Eindringen von Fremdkörpern zu verhindern.

Meine Katze und ich

Foto: Tina Krogull - Meine Katze und ich

Katzen verfügen auch über ein ausgezeichnetes Gehör. Die Katzen hören zwischen 30 Hz bis über 100.000 Hz, der Mensch je nach Alter etwa 15 Hz bis ca. 20.000 Hz. Katzen können mit ihrem Gehör die Höhe einer Schallquelle über dem Boden bestimmen und sie können Schallquellen, die hintereinanderliegen unterscheiden. Dies dient unter anderem dazu die Richtung von Objekten zu definieren, und auch ob etwas auf sie zu kommt oder sich entfernt.

Selbst das leiseste Rascheln und das leichteste Quieken von Nagetieren wird noch erfasst. Auch das Umblättern einer Zeitschrift oder eines Buches ist für die Katze gut hörbar. Viele elektronische Geräte, wie Digitalkameras erzeugen Töne im für uns Menschen nicht hörbarem Bereich, die für Katzen aber sogar störend wirken können.

Die Ohren einer Katzen lassen sich unabhängig voneinander in fast alle Richtungen drehen, wodurch es ihr möglich ist, Beutetiere regelrecht zu orten und selbst bei Dunkelheit durch einen gezielten Sprung zu erwischen.

Quelle: Meine Katze und ich :: Sinne der Katze

Katzen sind sogar in der Lage Hundegebell aus Geräuschen herauszufiltern, die viel lauter sind als das Hundegebell. Das haben Untersuchungen ergeben.

Die enorme Beweglichkeit der Katzenohren ist auf 27 Muskeln zurückzuführen, die es der Katze ermöglichen ihre Ohren unabhängig voneinander um 180 Grad zu drehen.

Und jedem Katzenhalter ist es sicher schon mal aufgefallen, dass auch während eine Katze schläft, sie ihre Ohren bewegt, denn Katzenohren nehmen auch während die Katze schläft Geräusche wahr.

Sinne der Katze – Riechen (Nase)

Katzen können viel besser riechen als wir Menschen, sind aber von der Duftwelt, in der Hunde leben, weit entfernt.

Zum Riechen verfügen Katzen über ca. 20 cm² Riechfläche, der Mensch hat nur etwa 2 cm² Riechfläche. Alle 2 bis 3 Monate setzt die Riechzellenmauser ein und die Riechzellen der Katze erneuern sich.

Quelle: Meine Katze und ich :: Sinne der Katze

Schon kurz nach der Geburt nutzt ein Kitten seinen Geruchssinn. Seine Nase hilft ihm, die Mutterkatzen und “seine” Zitze zu finden. Beim ersten

Trinken hinterlässt das eine eigene Duftmarke und findet so immer zu "seiner" Zitze zurück.

Da Katzen aufgrund ihres Geruchssinns nur Futter fressen, was besonders gut riecht, kann es passieren, dass der eine oder andere Katzenhalter eine Mäkelkatze hat, die ihr Futter nicht fressen will.

Hat eine Katze Schnupfen oder ist schon relativ alt und der Geruchssinn ist nicht mehr der Beste, wird die Katze weniger fressen, da der Geruch des Futters kaum noch in die Nase steigt. Abhilfe kann leichtes Erwärmen des Futters schaffen.

Viele Katzen werden geradezu von bestimmten Gerüchen, wie z. B. Katzenminze oder Baldrian, angezogen. Allerdings sind es nur rund 70 Prozent der Katzen, die auf Katzenminze oder Baldrian reagieren.

Ist ein Geruch besonders interessant, flehmen[4] Katzen. Sie nutzen dann das Jacobsonsche Organ[5].

Der Geruchssinn spielt auch im Sexualleben der Katzen eine große Rolle. Der Duft einer rolligen Kätzin, stimuliert andere Kätzinnen ebenfalls rollig zu werden. Potente Kater werden durch den Duft angelockt und lassen auch eigentlich nicht locker, bis sie ans Ziel gelangen.

---

[4] Flehmen – das gezielte und am geöffneten Maul und der Haltung erkennbare Wittern etlicher Tiere (beispielsweise Gämsen, Moschusochsen, Pferde, Katzen) nach spezifischen Gerüchen, zum Beispiel Geschlechtsgerüchen und insbesondere von Pheromonen mit Hilfe einer besonderen Entwicklung des Riechkolbens und des Jacobson-Organs. Beim Flehmen öffnen zum Beispiel Katzen das Maul ein wenig und strecken die Zungenspitze heraus. Beim Einatmen werden dann Geruchsstoffe am Gaumen entlang geleitet und können sowohl gerochen als auch geschmeckt werden.
Quelle: Wikipedia

[5] Jacobsonsches Organ – es besteht aus winzigen Einbuchtungen (Durchmesser zwischen 0,2 und 2 Millimeter) auf beiden Seiten der Nasenscheidewand. Diese schlauchartigen Einbuchtungen stehen in Verbindung zum Jacobsonschen Knorpel (Paraseptalknorpel bzw. Cartilago paraseptalis). An der Kontaktstelle zum Knorpel befindet sich ein schwellkörperartiges Venengeflecht und Muskelzellen, mit deren Unterstützung Flüssigkeit in die Schläuche gesaugt bzw. wieder herausgedrückt werden kann.
Quelle: Wikipedia

Sinne der Katze – Haben Katzen Superkräfte?

Vieles rund um die Katze erscheint manchmal übernatürlich. Wissenschaftler versuchen, diesen übernatürlichen Kräften der Katzen auf den Grund zu gehen.

Aber so einfach ist das nicht. Denn manche Katzenforscher gehen davon aus, dass Katzen neben den fünf Sinnen – Sehen, Hören, Riechen, Tasten und Schmecken – die auch wir Menschen haben, noch über Gleichgewichtssinn und Temperatursinn verfügen. Das wären dann sieben Sinne. Andere Katzenforscher sind aber der Meinung, dass es „nur" sechs Sinne – ohne den Temperatursinn – sind.

In einem Punkt aber sind sich die Forscher einig. Es gibt noch einen Sinn, der alles umfasst, was die anderen Sinne nicht wahrnehmen. Es ist die außersinnliche Wahrnehmung.

Diese außersinnliche Wahrnehmung ist vielleicht eine Erklärung dafür, dass Katzen Naturkatastrophen „vorhersehen" oder den Tod und Krankheiten erahnen.

Aus eigener Erfahrung weiß ich, dass die erste Katze in meinem Leben immer genau wusste, wann meine Mutter nachmittags von der Arbeit nach Hause kommt. Selbst, wenn sie mal früher oder später als normal kam, ging Murmel wenige Minuten, bevor meine Mutter auf den Hof fuhr ans Fenster, und zeigte mir damit an, dass sie kommen würde.

Erstaunlich – Was Katzen ahnen, spüren, wissen oder vorhersehen.

Erdbeben – Zu verschiedenen Zeiten und an verschiedenen Orten verließen Katzen Häuser, die kurz darauf zerstört wurden.

Bombenangriffe – Im Zweiten Weltkrieg verließen bei Bombenalarm Katzen nur diejenigen Häuser, die dann tatsächlich getroffen wurden.

Tod – Kater Moses legt sich in einem Pflegeheim in den USA ganz gezielt in die Betten derjenigen Patienten, die innerhalb der nächsten Stunden sterben.

Quelle: Geliebte Katze, Ausgabe 4/2009

Dass Katzen Erdbeben "vorhersagen" können, habe ich selbst erlebt.

Meine Katze und ich

Mein Sternenkater Samson hat mich vor vielen Jahren mal mitten in der Nacht geweckt. Kaum, dass ich wach war, spürte ich, dass die Erde bebte und die Sachen in der Vitrine vibrierten.

Die außersinnliche Wahrnehmung von Katzen wird sicher nie wirklich geklärt werden. Katzen haben uns Menschen beim Sehen, Hören und Spüren einfach etwas voraus.

Wieso Spielen für Katzen so wichtig ist

Dass unsere Katzen gern spielen, dürfte für die meisten Katzenhalter außer Frage stehen.

Katzen spielen vermutlich aus dem gleichen Grund gern wie wir Menschen. Spielen macht Spaß! Besonders die Kitten lernen viel beim Spielen. Die Koordination zwischen Pfoten und Augen wird geschult, aber auch die Bewegung macht Spaß.

Katzen "leisten" sich spielen dann, wenn es ihnen gut geht, sie gesund sind und kein Mangel an Nahrung herrscht.

Bei unseren Hauskatzen, die nicht draußen auf die Jagd gehen, ist das Spielen eine sehr gut Möglichkeit ihre überschüssige Energie los zu werden. Denn das Spielen ist eine Ersatzhandlung für die Jagd. Außerdem fordert spielen auch unsere Katzen, die sich vielleicht nicht ganz so viel und ganz so oft in der Wohnung bewegen.

Tägliches spielen und Aktivität helfen ein gewisses Übergewicht zu vermeiden und auch Katzen im hohen Alter können durch Spielen ihre Fitness und Gesundheit erhalten.

Katzenhalter werden im Laufe des Lebens Ihrer Katze sicher feststellen, dass das Spielen sich verändert.

Kitten spielen in der Regel viel und alles Mögliche wird dazu genutzt. Kätzinnen interessieren sich ab der 14. Lebenswoche in der Regel mehr für Objektspiele, während Katerchen im gleichen Alter Kampfspiele und die ersten sozialen Rangkämpfe bevorzugen.

Mit dem Alter lässt bei der einen oder anderen Katze, die Motivation fürs Spielen nach. Aber genauso gibt es Katzensenioren, die jeden Tag auf ihre Spieleinheit bestehen und auch selbst gern mal aktiv werden.

Meine Katze und ich

Wenn wir als Halter mit unserer Katze spielen, müssen wir tatsächlich auf ein paar Dinge achten. Z. B. sollten wir beim Spielen mit einer “Beute” die Katzen nicht anfassen oder zu sehr ablenken. Auch, wenn es “nur” spielen ist, ist es für die Katzen wichtig, dass sie sich voll und ganz auf ihre “Beute” konzentrieren kann.

Wir müssen auch darauf achten, dass sich die “Beute” wie Beute verhält. D. h., ein Beutetier würde sich nie auf die Katze zu bewegen. Das bedeutet, dass wir eine Katzenangel nicht in Richtung Katze bewegen sollten, sondern von ihr weg.

Da unsere Katzen dämmerungsaktive Tiere sind, sind die meisten Katzen in dieser Zeit besonders am Spielen interessiert. Da es für die Katze wichtig ist, beim Anpirschen an die Beute sich verstecken zu können, ohne die Beute dabei aus den Augen zu verlieren, können sie einen Bereich fürs Spielen präparieren. Ein wenig “Chaos” auf dem Boden, durch Decken oder Handtücher oder einen Teppich in Wellen, reicht schon aus. Dann am besten eine „Beute“ aus dem Spielfundus der Katze scheinbar achtlos durch die Wohnung bewegen. Die Katze wird schneller darauf reagieren, als wir uns das vorstellen können.

Ideal als Spielzeug eignet sich für die Katze alles, was ins Beuteschema der Katze passt. D. h., die Beute sollte möglichst immer kleiner als die Katze sein. Von Fellmäusen bis hin zu Federbüscheln, die an einer Stange hängen, gibt es Spielzeug in rauen Mengen.

Die wenigsten Katzenhalter werden sagen, dass ihre Katze gar nicht spielt. Hat die Katze mal gespielt, dann aber scheinbar ohne Grund aufgehört und lässt sich auch die nächsten Tage nicht dazu animieren, sollte untersucht werden, ob die Katze gesund ist – körperlich (Tierarzt) und psychisch (Katzenpsychologe).

Manche Katze spielt lieber allein und unterbricht ihr Spiel auch, wenn ihr Mensch oder ein anderes Tier zu gucken. Es gibt auch Katzen, die es nicht gelernt haben zu spielen, weil sie z. B. zu früh von der Mutterkatze und den Wurfgeschwistern getrennt wurde oder sie zu wenig Reize kennengelernt hat.

Oder ganz einfach – als Halter hat für seine Katze noch nicht DAS Spiel(zeug) gefunden.

Katzentoilette und Sauberkeit

Die „perfekte“ Katzentoilette

Gibt man „Katzentoilette“ als Suchbegriff bei Google.de ein, bekommt man in 0,40 Sekunden ungefähr 971.000 Ergebnisse. Sucht man mit „Katzentoilette“ nach Bildern bei Google.de, bekommt man in 0,47 Sekunden ungefähr 175.000 Ergebnisse.

Die obersten Links, die als Ergebnisse geliefert werden, sind Links zu Shops, bei denen Katzentoiletten bestellt werden, können. Dann folgen ein paar Foreneinträge aus verschiedenen Foren und auch ein paar Videos auf YouTube.

Aber wie die „perfekte“ Katzentoilette, oder umgangssprachlich auch Katzenklo oder KaKlo genannt, aussehen sollte, ist nicht auf Anhieb zu erkennen. Wie auch bei gut 971.000 Ergebnissen.

Jeder Katzenhalter, egal, ob erfahren oder gerade die erste Katze, stellt sich die Frage, wie sieht die „perfekte“ Katzentoilette für meine Katze(n) aus. EINE Antwort gibt es sicher nicht. Denn jede Katze hat ihre eigenen Vorlieben und Anforderungen ans Katzenklo.

Auch, wenn es nicht die EINE Antwort auf die Frage gibt, so gibt es doch eine Basis, um die Frage nach dem „perfekten“ Katzenklo für seine Katze(n) zu beantworten.

Grundsätzlich sollte die Grundfläche der Katzentoilette so groß sein, dass sich die Katze ohne Problem darin umdrehen kann. Gerade bei größeren Katzen, wie z. B. Maine Coons, reicht eine Standardkatzentoilette nicht aus. Die Eckkatzentoilette sind sicher praktisch, weil sie so schön in eine Ecke passen, aber für Katzen sind diese Katzenklos in der Regel zu klein.

Ist die Grundfläche des KaKlos groß genug, stellt sich die Frage – mit oder ohne Haube. Die meisten Katzen würden, wenn sie gefragt würden, sicher für ein KaKlo ohne Haube plädieren.

Ist auch eigentlich nach vollziehbar, denn auch wir Menschen, wollen nicht in einen dunklen, kleinen Raum gehen und dort ...

Da es aber Katzen gibt, die sehr gern im Katzenstreu graben und beim Zuscharren ihres Geschäfts, das Katzenstreu wie mit einer Schaufel über den Rand des KaKlos werfen, ist es aus Sicht des Katzenhalters eine schöne Lösung so eine Katzentoilette mit Hauben zu haben.

Haben Sie so eine Grabe- und Werfekatzen können Sie einen Kompromiss schließen. Wenn möglich schneiden Sie den Deckel der Haube raus. So hat die Katze nicht mehr den Eindruck in einem dunklen, kleinen Raum zu sein, aber das Katzenstreu bleibt im KaKlo, zumindest der größere Teil ☺.

Nicht ganz uninteressant ist auch zu wissen, dass, wenn mehrere Katzentoiletten unmittelbar nebeneinanderstehen, es aus Sicht der Katzen sich nur um EINE Katzentoilette handelt.

Katzentoiletten sollten daher besser an verschiedenen Orten aufgestellt werden. Diese Orte sollten allerdings ruhige Ort sein, wo kein Durchgangsverkehr herrscht.

Wissen Sie, wie viele Katzenklos Sie für Ihre Katze(n) haben sollten? Es gibt eine schöne Formel dafür: **Anzahl der Katzen + 1 = Anzahl der Katzentoiletten**.

Warum „+1“ wird sich der ein oder andere fragen. Die Antwort dazu ist ganz einfach. Die Formel setzt sich aus der Tatsache zusammen, dass viele Katzen um Urin und Kot abzusetzen zwei verschiedene Orte dafür wählen. Dieses Verhalten stammt aus der Abstammungsgeschichte der heutigen Katzen von ihrer Vorfahrin der afrikanischen Falbkatze.

Sicher gibt es genügend Katzen, die um Urin und Kot abzusetzen nur ein KaKlo nutzen oder auch mehrere Katzen, die sich nur ein KaKlo teilen. Aber trotzdem sollte immer diese „+ 1“-Katzentoilette zur Verfügung stehen. Denn es gibt auch Katzen, die eine Katzentoilette unter gar keinen Umständen mit einer anderen Katze teilen.

Die Frage nach der „perfekten“ Katzentoilette ist sicher hiermit nicht beantwortet worden, aber die Basis, um die Frage für seine Katze(n) zu beantworten ist, legt.

Katzenstreu

Fast jeder Katzenhalter steht bei der Auswahl eines Katzenstreu vor der Qual der Wahl, denn es gibt inzwischen unzählige Katzenstreu. Katzenstreu, die normal im Handel zu kriegen sind oder Katzenstreu, die nur online bestellt werden können.

Katzen sind sehr reinliche Tiere. Gerade deswegen ist ein gutes Katzenstreu wichtig. Es stellt sich also die Frage nach DEM richtigen Katzenstreu für die eigene Katze.

Aber welche Arten von Katzenstreu gibt es eigentlich?[6]

Es gibt mineralisches Katzenstreu, das in der Regel auf Bentonit basiert. Bentonit ist ein Tonmaterial, das sehr saugfähig ist. Die Entsorgung erfolgt über den Restmüll. Auf gar keinen Fall über die Toilette, da es sonst zur Rohrverstopfung kommen kann.

Es gibt pflanzliches Katzenstreu, das aus Pflanzenfasern – wie Holz und Stroh, Altpapier, Weichholzgranulat und Anteilen von Bohnenmehl besteht. Das Bohnenmehl quillt auf, sobald es mit Flüssigkeit in Kontakt kommt. Pflanzliches Katzenstreu ist zwar vollständig biologisch abbaubar, sollte aber trotzdem über den Restmüll und nicht über die Biotonne entsorgt werden. Auch über die Toilette sollte das pflanzliche Katzenstreu nicht entsorgt werden.

Seit einiger Zeit gibt es auch Silicatkatzenstreu. Silicate haben bisher Verwendung in Windeln und Damenbinden gefunden. Als Katzenstreu

---

[6] Katzenstreu.com

können Silicate sehr viel Flüssigkeit aufnehmen und binden sehr gut auch den Geruch.

Bei Kitten sollte der Halter darauf achten, dass die Kitten das Katzenstreu nicht fressen, da es zur Vergiftung kommen kann.

Es gibt klumpendes Katzenstreu. Die meist feinen Körner des Katzenstreu bilden Klumpen, sobald sie mit Flüssigkeit in Kontakt kommen. Die Klumpen binden die Flüssigkeit und schließen auf den Geruch ein. Durch die Klumpenbildung ist es relativ einfach, die Katzentoilette sauber zu halten.

Auch hier sollte der Halter bei Kitten darauf achten, dass die Kitten das Katzenstreu nicht fressen. Es können sich sonst im Magen Klumpen bilden, die im schlimmsten Fall operativ entfernt werden müssen.

Natürlich gibt es auch nicht klumpendes Katzenstreu. Hier sind es dann saugfähige Körnchen oder Pellets, die die Flüssigkeit einzeln aufnehmen. Die Körnchen oder Pellets nehmen auch den Geruch des Urins auf.

Der eine oder andere Hersteller von Katzenstreu hat seinem Katzenstreu einen Duft, wie Babypuder oder Ähnliches, beigemischt. Dieser Duft verfliegt allerdings relativ schnell und nicht jede Katzennase ist von solchen Düften begeistert. Da wird eher die Nase des Halters „angesprochen".

ÖKO-TEST[7] hat im Oktober 2011 15 Katzenstreu auf bedenkliche Inhaltsstoffe untersuchen lassen und die Testkandidaten auch in der Praxis getestet.

Vier der 15 getesteten Katzenstreu haben mit der Gesamtnote „sehr gut" abgeschlossen, eins der Katzenstreu hat nur „mangelhaft" erreicht. Positiv waren aber die Ergebnisse der Untersuchung auf bedenkliche Inhaltsstoffe. 11 der Katzenstreu haben hier die Note „sehr gut" bekommen. Die Übrigen haben „gut" und „befriedigend" erhalten. Im Praxistest gab es dann die Noten

---

[7] ÖKO-TEST, Test Katzenstreu, Jahrbuch 2012

von „sehr gut“ bis „mangelhaft“.

Aber ganz egal, für welches Katzenstreu sich der Halter entschließt, es muss immer der Katze gefallen. Denn mag die Katze das gewählt Katzenstreu nicht, egal, ob es die Grobheit/Feinheit oder die Beschaffenheit – z. B. Pellets – ist, die der Katze möglicherweise Unwohlsein beim Aufenthalt in der Katzentoilette bereitet, kann das „falsche“ Katzenstreu zu Unsauberkeit führen.

Die kätzische Visitenkarte

Jedes Katzenrevier, ob drinnen oder draußen, hat sichtbare und riechbare Grenzen. Für uns Dosenöffner aber nicht, da unsere Nase draußen in der Natur nicht empfindlich genug ist. Die Revierkatze frischt regelmäßig die Grenzenmarkierungen auf, damit alle wichtigen Informationen für vorbeikommende Katzen auf dem aktuellsten Stand sind und die Grenzen nicht durch das Markieren einer anderen Katze verschoben werden.

Die riechbaren Grenzen eines Katzenreviers geben vorbeikommenden Katzen Auskunft über die Revierkatze, wie Geschlecht, Alter und Anwesenheit im Revier.

Katzen markieren nicht nur mit Urin, sondern auch mit Kot und Kratzen. Kratzen ist nicht nur wichtig für die Krallenpflege, sondern zeigt auch die sichtbaren Grenzen des Katzenreviers. Daher ist die „richtige“ Platzierung von verschiedenen Kratzmöglichkeiten, wie Kratzbaum, Kratzecke etc., in der Wohnung sehr wichtig und sollte in „Zusammenarbeit“ mit der Katze erfolgen. Auch Kot, der z. B. im Garten an bestimmten Stellen zu finden ist, ist eine Reviermarkierung.

Sowohl Kater als auch Katzen markieren! Kastrierte Katzen markieren weniger und oft ohne Urinspritzer im Gegensatz zu unkastrierte Katzen. Die Katze steht dabei mit dem Hinterteil zu dem meisten senkrechten zu markierenden Objekt, der Schwanz fängt an zu zittern und Urin wird gespritzt. Es kommt auch vor, dass die Katze mit den Hinterpfoten anfängt, auf der Stelle zu trippeln. Nach erfolgter Markierung wird die gesetzte Duftnote meist noch schnell abgeschnuppert.

Das Markieren der Reviergrenzen, ein für die Katze artgerechtes Verhalten, ist im Zusammenleben mit uns Dosenöffnern in der Wohnung ein wenig erwünschtes Verhalten. Denn nicht nur vorbeikommende Katzen nehmen den Uringeruch wahr, sondern auch die menschliche Nase, denn in der Wohnung konzentrieren sich die Gerüche.

Ganz wichtig ist, dass die markierten Stellen geruchsfrei gereinigt werden, denn die im Katzenurin enthaltenen Bakterien sind der Geruchsauslöser. Zur Reinigung markierter Stellen sollten keine Reiniger benutzt werden, die Ammoniak enthalten, da Ammoniak dem Katzenurin geruchlich sehr nahe kommt und die Katze durchaus zum wiederholten Markieren „verführen" kann.

Sind die markierten Stellen gereinigt, sollten die beliebtesten Stellen mit einem Pheromonspray (wie z. B. Felifriend) besprüht werden. Das Pheromonspray vermittelt der Katzen ein Wohlfühlgefühl, das erneutes Markieren als nicht notwendig erscheint. Außerdem können auch kleine, vorübergehende „Sperren" helfen, die Katzen von den beliebtesten Stellen abzuhalten.

So eine „Sperre" lässt sich schnell und einfach aus Pappe und doppelseitigem Klebeband bauen. Katzen meiden Stellen, an denen ihre Pfötchen auf Klebeband treten.

Unsauberkeit

Katzen sind sehr reinliche Tiere und Unsauberkeit widerstrebt ihnen, aber trotzdem gibt es immer wieder mal das Problem der Unsauberkeit.

Sollten Sie Halter einer unsauberen Katze sein, seien Sie versichert, Sie sind nicht allein. Unsauberkeit ist einer der Hauptgründe, warum Katzenhalter Hilfe suchen. Oftmals wird erst auf das Halbwissen von Freunden und Bekannten zurückgegriffen, bevor ein Katzenpsychologe oder ein auf Katzenverhalten spezialisierter Tierarzt zurate gezogen wird.

Da das Thema Unsauberkeit bei Katzen doch umfassender ist, als man es sich als Katzenhalter vorstellt, versuche ich in mehreren Beiträgen, das Thema etwas genauer vorzustellen.

Unsauberkeit bei Katzen führt aufgrund der weitverbreiteten Meinung, dass die Katze aus Protest oder Rache außerhalb der zur Verfügung stehenden Katzentoiletten gepieselt hat, zu Missverständnissen zwischen Halter und Katze.

Ein Katzenhalter sollte sich bei Unsauberkeit seiner Katze schnell von der Meinung “Meine Katze ist aus Protest unsauber.” verabschieden. Wird einer Katze unterstellt, dass sie aus Protest irgendwo hingepieselt hat, dann unterstellen wir der Katzen Fähigkeiten, die sie nicht hat.

Keine Katze überlegt sich, wie sie ihrem Halter etwas, wie das “falsche” Futter oder das viel zu spät nach Hause kommen, heimzahlen kann. Die Katze überlegt und plant auch nicht, wo sie am besten hinpieselt, damit ihr Mensch sich kräftig ärgert. Diese Art Gedankengänge sind menschlich, aber nicht kätzisch. Katzen reagieren auf ihre Umwelt, sie planen nicht.

Wird eine Katze unsauber, gibt es immer Gründe dafür. Allerdings ist es nie aus Protest oder Rache. Auslöser für Unsauberkeit können chronische Angstzustände, Panik, Phobien, Hyperaktivität, Depression, erhöhte Aggression sowie soziale Störungen oder so einfache Dinge, wie der falsche Standort der Katzentoiletten, sein.

Auf jeden Fall sollten die Katze und ihr Urin vom Tierarzt untersucht werden, ob ein gesundheitliches Problem für die Unsauberkeit vorliegt. Ist die Katze so weit gesund und es wurden keine Auffälligkeiten im Urin gefunden, sollte ein Katzenpsychologe zurate gezogen werden.

Auf Strafe sollte ein Halter bei Unsauberkeit verzichten. Denn das Hauptproblem mit Strafe liegt beim Halter.

Damit Strafe effektiv ist, MUSS die Strafe unmittelbar nach der Unsauberkeit erfolgen. Unmittelbar bedeutet bei einer Katze innerhalb von maximal 3 Sekunden oder sogar weniger. Ansonsten kann die Katze die Strafe nicht mehr mit der Unsauberkeit in Verbindung bringen.

Auch muss die Strafe IMMER bei der Unsauberkeit erfolgen. Und das IMMER umzusetzen ist fast unmöglich, denn das würde eine 24-stündige Beobachtung der Katze erfordern.

Auch muss bei Strafe extrem genau darauf geachtet werden, dass die Strafe nicht zu heftig oder zu mild ausfällt. Ist die Strafe zu heftig, wird sie sich auf das Verhältnis Katze-Mensch auswirken. Die Katze wird sich möglicherweise immer mehr vom Halter zurückziehen. Ist die Strafe zu mild, wird die Katze nicht verstehen, warum sie bestraft wird.

Strafe ist daher kein gutes Mittel, um die Katze von ihrer Unsauberkeit abzubringen. Aber es gibt wirkungsvolle Möglichkeiten, die auch katzenfreundlich sind.

Unsauberkeit (2)

Bevor man allerdings entscheiden kann, welche Möglichkeiten Sie als Halter haben, um Ihre Katze wieder sauber zu bekommen, muss festgestellt werden, um welche Art der Unsauberkeit es sich handelt. Ist es Markieren? Oder ist es “normale” Unsauberkeit?

Beim Markieren wird in der Regel nur Urin abgesetzt. Kotmarkieren gibt es sehr selten in der Wohnung.

Beim Markieren geht die Katze an eine Stelle, meist eine senkrechte Fläche wie Türen und Fenstern oder auch das Tisch- oder Stuhlbein. Die Stelle wird berochen, dann dreht sich die Katze um. Jetzt hält die Katze in der Regel den Schwanz gerade nach oben, der Schwanz zittert leicht und sie tretelt mit den Hinterpfötchen auf der Stelle. Der Urin wird meist waagerecht gespritzt. Nach dem Markieren riecht die Katze noch mal an der Stelle und geht.

Ich muss dazu sagen, dass Harnmarkieren normales Katzenverhalten ist. Sowohl Kater als auch Kätzinnen, egal, ob unkastriert oder kastriert, können markieren. Harnmarkieren dient der Kommunikation, es ist gewissermaßen eine kätzische Visitenkarte[8], die an bestimmten Stellen hinterlassen wird. Halter von Kätzinnen werden überrascht sein, dass auch eine Kätzin markiert.

Bei "normaler" Unsauberkeit hinterlässt die Katze Urin und Kot außerhalb der Katzentoilette, obwohl sie die zur Verfügung stehenden Katzentoiletten vorher immer benutzt hat.

Setzt die Katze Urin und Kot außerhalb der Katzentoilette ab, kann man das normale "Toilettenverhalten" der Katze beobachten. Die Katze scharrt wie in der Katzentoilette an einer Stelle. Dann setzt sie sich hin und setzt Urin und/oder Kot ab, dreht sich danach um und begutachtet ihr Geschäft. Dann scharrt sie, auch, wenn es nichts zum Scharren gibt, ihr Geschäft zu.

Es kann gut sein, dass eine Katze sowohl markiert, als auch, dass sie unsauber ist.

Auf jeden Fall sollte die Katze von einem Tierarzt untersucht werden, um zu klären, ob es gesundheitliche Auslöser für die Unsauberkeit gibt.

Unsauberkeit (3)

Harnmarkieren ist ein katzentypisches Kommunikationsmittel.

---

[8] Die kätzische Visitenkarte

Meine Katze und ich

Wie zuvor schon beschrieben, geht die Katze beim Markieren an eine Stelle, meist eine senkrechte Fläche wie Türen und Fenstern oder auch das Tisch- oder Stuhlbein. Die Stelle wird berochen, dann dreht sich die Katze um. Jetzt hält die Katze in der Regel den Schwanz gerade nach oben, der Schwanz zittert leicht und sie tretelt mit den Hinterpfötchen auf der Stelle. Der Urin wird meist waagerecht gespritzt. Nach dem Markieren riecht die Katze noch mal an der Stelle und geht.

Warum Katzen markieren, konnte die Wissenschaft noch nicht herausfinden. Aber die Gemütslage, wenn die Katze in der Wohnung markiert, zeichnet sich durch Erregung aus. Wobei die Erregung sowohl positiv als auch negativ sein kann.

Um also die eigene Katze vom Harnmarkieren abzubringen, müssen wir als Halter herausfinden, was die Katze aufregt und wie wir diesen Auslöser abstellen oder verändern können.

Sicher ist, dass Strafe nicht sinnvoll ist, den Harnmarkieren ist wie schon erwähnt katzentypisches Kommunikationsmittel.

Um den Auslöser für die Erregung bei der eigenen Katze zu finden, muss der Halter die Lebenssituation seiner Katze unter die Lupe nehmen. Dies kann gut in Zusammenarbeit mit einem Katzenpsychologen erfolgen.

Typischer Auslöser für Harnmarkieren kann Krankheit, verbunden mit Schmerzen sein. Ebenso andere Katzen, ob im gleichen Haushalt oder auch draußen. Auch andere Haustiere, neue Menschen im Leben der Katze oder Kinder, können Auslöser sein. Selbst einfache Dinge wie Hunger, Freude, Ungeduld oder Gerüche können Harnmarkieren auslösen. Ähnlich wie bei der "normalen" Unsauberkeit, kann auch die Katzentoilettensituation Auslöser sein.

Ist Harnmarkieren zur Gewohnheit an bestimmten Stellen geworden, können Sie leicht verändertes Verhalten beim Markieren feststellen. Die Katze beriecht die Stelle vor und nach dem Markieren nicht mehr.

Unsauberkeit (4)

Haben Sie einen unkastrierten Kater oder eine unkastrierte Kätzin, sollten Sie wissen, dass Harnmarkieren als sexuelles Kommunikationsmittel dient. Kastration kann Abhilfe schaffen, ist aber keine 100%ige Garantie.

Um eine markierende Katze wieder sauber zu bekommen, müssen Sie den Stress im Leben Ihrer Katze erkennen und diesen so weit reduzieren, wie es möglich ist. Eine sofortige Besserung, d. h. die Katze markiert wenig bis gar nicht, ist aber nicht zu erwarten. Die Katze muss eine Gewohnheit ablegen, die eigentlich zu ihrem normalen Verhalten zählt. Sie als Halter brauchen daher viel Geduld.

Sie müssen Ihrer Katze die Gelegenheiten nehmen zu markieren. Machen Sie die betroffenen Stellen für Ihre Katze unzugänglich. Geben Sie den betroffenen Stellen eine andere Katzenbedeutung.

In einem ersten Schritt muss eine gründliche Reinigung der betroffenen Stellen erfolgen. Achten Sie dabei nicht nur auf den Boden, sondern schauen Sie auch genau an die Wand, den Rahmen oder das Tisch- oder Stuhlbein. Bestimmt ist der Urin dort runtergelaufen.

Am besten mit warmem Wasser und Neutralreiniger beginnen und mit Alkohol nacharbeiten. Beim Alkohol wird oftmals Wodka empfohlen. Aber ich habe mir sagen lassen, dass 40%iger Isopropylalkohol aus der Apotheke die betroffenen Stellen noch besser desinfiziert. Zum Abschluss kann die Stelle noch mit einem Enzymreiniger, wie z. B. Bio Urin Attacke, bearbeitet werden. Der Enzymreiniger zersetzt auf biologische Art und Weise die Kristalle im Urin, die für den Geruch verantwortlich sind.

Sind die Stellen gereinigt, sollten Sie in Betracht ziehen, die betroffenen Stellen so lange zu schützen, bis das Problem im Griff ist.

Markiert eine Katze wegen einer anderen Katze im gleichen Haushalt, sollten Sie folgende Dinge sicherstellen:

- Jede Katze hat Zugang zu Futter, Wasser und Katzentoilette.
- Jeder Katze stehen verschiedene Kuschelmöglichkeiten zur Verfügung.
- Möglicherweise jeder Katze (vorübergehend) eine eigene Futterstelle einrichten.
- Wenn möglich mit jeder Katze einzeln spielen, damit jede Katze einen Jagderfolg erzielen kann.

Sind andere Haustiere, neue Menschen oder Kinder Auslöser, sollten Sie versuchen, der Katze weiterhin einen normalen Tagesablauf zu bieten. Nicht jede Katze kann mit einem neuen Hundekumpel etwas anfangen. Bevor Sie sich also zur Anschaffung eines Hundes entscheiden, sollten Sie überlegen, ob Ihre Katze dazu bereit ist.

Gibt es einen neuen Menschen im Leben der Katze, so sollte es allein der Katze überlassen werden das Tempo des Kennenlernens zu bestimmen. Aber auch hier sollten Sie an eingespielten Ritualen festhalten oder zusammen mit dem neuen Menschen neue einführen.

Haben Sie Nachwuchs bekommen, wird sich Ihr Tagesablauf ändern. Aber auch hier sollten Sie dafür Sorge tragen, dass Ihre Katze nicht ins Hintertreffen gerät, sondern sie gemeinsam mit Ihnen positive Dinge erfährt.

Sind Hunger, Freude, Ungeduld oder Gerüche Auslöser sollten Sie Ihre Katze etwas genauer beobachten. Markiert sie unmittelbar vor oder direkt nach der Futtergabe, dann sollten Sie versuchen, Ihrer Katze häufiger kleinere Mahlzeiten zur Verfügung zu stellen. Ein Futterautomat kann da tagsüber gute Dienste leisten.

Bei bestimmten Gerüchen sollten Sie diese möglichst vermeiden oder Ihrer Katze nicht freizugänglich machen.

Unsauberkeit (5)

Bei “normaler” Unsauberkeit setzt die Katze Urin und Kot außerhalb der Katzentoilette ab, verhält sich dabei aber wie in der Katzentoilette.

Hier stellt sich jetzt die Frage, warum meidet die Katze die Katzentoilette, die sie vorher doch immer genutzt hat. Um diese Frage zu beantworten, müssen Sie sich als Katzenhalter mit dem natürlich Verhalten der Katze vertraut machen.

Katzen, die viel Zeit draußen verbringen nutzen nicht jede Stelle als Katzentoilette. Sie suchen sich die Plätze nach bestimmten Kriterien aus. Die Kriterien sind: Überblick, Bodenbeschaffenheit, Ungestörtheit und Angebot.

Machen Katzen draußen ihr Geschäft, wollen sie ungestört und sicher sein. Denn im Augenblick ihres Geschäfts sind sie leicht angreifbar und schutzlos. Ein guter Überblick bietet ihnen die Möglichkeit, andere Katzen oder Menschen schon frühzeitig zu sehen und bei Bedarf rechtzeitig die Flucht anzutreten.

Katzen scharren auch nicht auf jeder Art von Boden. Die Katzenpfötchen sind mit sehr empfindlichen Nerven ausgestattet. Daher wird eine Katze selten bis gar nicht auf steinigem oder hartem Boden scharren. Lockere Erde oder feiner Sand kommt ihnen weit mehr entgegen.

Bei der Wahl des Ortes sich draußen zu erleichtern wird eine Katze bevorzugt immer ruhige Stellen auswählen, um ungestört zu sein. Die Stellen liegen relativ weit weg von bekannten oder unbekannten Störfaktoren und sind geschützt, sodass diese Stellen auch bei Wind und Wetter genutzt werden können.

Eine Katze wird auch immer verschiedenen Stellen zur Auswahl haben, um ihr Geschäft zu erledigen. Ein Grund dafür ist, dass Katzen es in der Regel nicht mögen Urin und Kot nicht an der gleichen Stelle absetzen. Katzen graben ungern in ihrem eigenen Kot. Daher wird es selten vorkommen, dass die Katze die gleiche Stelle zweimal hintereinander in Anspruch nimmt, um Kot abzusetzen.

Ein weiterer Grund ist, dass aufgrund einer anderen Katze oder anderen Veränderungen eine Stelle vorübergehend oder dauerhaft nicht mehr zur Verfügung steht. Die Katze weicht dann auf eine andere Stelle aus.

Überträgt man als Halter dieses Wissen nun auf die Katzentoiletten in der Wohnung, so kommen folgende Punkte zusammen:

Haubentoiletten mit Schwingtür entsprechen leider gar nicht dem Wunsch der Katze nach Überblick. Eine Möglichkeit, falls es ohne Haube nicht geht, ist das Entfernen der Schwingtür, um der Katzen wenigstens etwas klarerer Sicht nach draußen zu gewähren. Ist Ihre Katze kein Streuwerfer, sollten Sie eine Katzentoilette mit Schutzrand in Betracht ziehen. Bei einer Haubentoilette könnten Sie den Kompromiss eingehen und die Haube oben aufschneiden.

Ein anderer Nachteil einer Haubentoilette ist auch, dass die Katze „in der Falle sitzt", weil es nur einen Fluchtweg raus gibt. Versperrt eine Mitkatze oder etwas anderes den Ausgang, kommt die Katze nicht weg.

Beim Katzenstreu[9] sollten Sie sich für eins entscheiden, das für Ihre Katze angenehm an den Pfötchen ist.

Bieten Sie Ihrer Katze mehrere Katzentoiletten an, kann Ihre Katze sich ähnlich wie draußen verhalten und hat verschiedenen Stellen um Urin und Kot abzusetzen. Auch ist die Wahrscheinlichkeit dann größer, dass die Katze nicht zweimal an die gleiche Stelle Kot absetzen muss.

Als Faustformel für die richtige Anzahl von Katzentoiletten kann wie folgt gerechnet werden: **Anzahl der Katzen + 1 = Anzahl der Katzentoiletten**. Dabei ist aber auch wichtig zu beachten, dass, wenn mehrere Katzentoiletten

---

[9] Siehe Artikel **Katzenstreu**

unmittelbar beieinanderstehen, von der Katze nur als EINE Katzentoilette wahrgenommen werden.

Daher sollten je nach Raummöglichkeiten die Katzentoiletten an immer gut zugänglichen, aber ruhigen Stellen, nicht in Durchgangsbereichen, gestellt werden.

Unsauberkeit (6)

Die Therapie bei einer unsauberen Katze ist in zwei Schritte gegliedert. Im ersten Schritt muss die Katzentoilettensituation für die Katze optimiert werden. Um eine Optimierung zu erreichen, muss unbedingt berücksichtigt werden, welche Gründe es für die Katze aktuell gibt, nicht die Katzentoilette aufzusuchen.

Erst im zweiten Schritt bekommen die bisherigen Stellen außerhalb der Katzentoilette aus Katzensicht den Stempel "uninteressant, unnötig".

Wenn sicher ist, dass die Katze gesund ist, muss der Halter die aktuelle Katzentoilettensituation kritisch betrachten.

An erster Stelle steht dabei die Katzentoilette. In den meisten Haushalten, in denen Katzen wohnen, wird es Haubentoiletten geben. Wie vorher schon angesprochen, wurden die Haubentoiletten weniger aus Sicht der Katze entwickelt als aus der Sicht des Menschen, des Katzenhalters.

Wie im vorherigen Teil dieser Miniartikelserien angesprochen, birgt eine Haubentoilette einige Nachteile für die Katze. Zusätzlich kommt noch hinzu, dass die Haube für größere Katzen auch eine Einschränkung in der Bewegungsfreiheit in der Katzentoilette bedeutet.

Der Geruch, der in einer Haubentoilette entsteht, trifft nicht nur die menschliche Nase streng. Unsere Katzen verfügen im Gegensatz zu uns Menschen mit etwa 2 cm^2 Riechfläche über etwa 20 cm^2 Riechfläche.

Jetzt gibt es viele Katzenstreu, die mit einer besonderen Duftnote versehen sind. Allerdings ist die Duftnote eher für uns Menschen gedacht. Eine Katze, die 10-mal intensiver riechen kann, ist wenig über diese Düftchen begeistert.

Bei der Wahl des “richtigen” Katzenstreu hat jeder Katzenhalter die Qual (mehr dazu im Artikel Katzenstreu). Die Wahl des “richtigen” Katzenstreu sollte der Halter immer aus der Sicht seiner Katze treffen.

Ein nächster Punkt bei der Katzentoilette ist die richtige Größe. Grundsätzlich sollte die Grundfläche der Katzentoilette so groß sein, dass sich die Katze ohne Problem darin umdrehen kann. Gerade bei größeren Katzen, wie z. B. Maine Coons, reicht eine Standardkatzentoilette nicht aus. Eckkatzentoiletten sind sicher praktisch, weil sie so schön in eine Ecke passen, aber für normal große oder große Katzen sind diese Katzenklos in der Regel zu klein.

Wichtig ist auch die Sauberkeit der Katzentoilette. Katzen mögen es nicht in ihren eigenen Urin oder ihren eigenen Kot zu treten. Es ist daher wichtig, dass Urin und Kot mehrfach am Tag aus der Katzentoilette genommen werden. Die komplette Katzentoilette reinigen, d. h. das Katzenstreu ersetzen und die Katzentoilette auswaschen, am besten mit Neutralreiniger, sollte je nach Gebrauch der Katzentoilette zwischen zwei und vier Wochen liegen.

Ein weiterer Punkt ist auch die Platzierung der Katzentoiletten in der Wohnung. Irgendwo in der Ecke oder in der Nähe der Waschmaschine oder direkt unter dem Waschbecken im Badezimmer oder im Flur, wo jeder durch muss, ist nicht sinnvoll. Die Katze braucht ihre Ruhe, wenn sie auf die Katzentoilette geht. Für uns wär es auch störend, wenn ständig jemand an uns vorbeiläuft oder die Waschmaschine im Schleudergang lauter läuft.

Auch Katzen mit Freigang benötigen eine Katzentoilette in der Wohnung. Es kann immer mal sein, dass die Katze aufgrund des Wetters länger nicht nach draußen geht oder die Katze wegen Erkrankung eine gewisse Zeit nicht raus darf oder sich an der Draußensituation etwas verändert hat und die Katze nicht mehr rausgeht, um sich zu erleichtern.

Unsauberkeit (7)

Nachdem jetzt die Katzenbedürfnisse für die Katzentoilette bekannt sind, kann im zweiten Schritt der Stempel "uninteressant, unnötig" den Stellen, an denen die Katze sich außerhalb der Katzentoilette löst, "aufgedrückt" werden.

Die Stellen "riechen" und müssen gereinigt werden, denn die Katzen wird sonst diese Stellen immer wieder mal aufsuchen, weil sie riechen. Am besten gehen Sie in der gleichen Reihenfolge vor, wie vorher beim Harnmarkieren erwähnt.

Ist die Stelle aber nicht gefliest und nicht waschbar, dann ist der Aufwand für die Reinigung erheblich höher. Denn auch bei der Couch oder der Matratze muss die Reinigung genauso tief erfolgen, wie der Urin eingedrungen ist. Ist die Reinigung nicht möglich, muss die Sache entsorgt werden. Das ist ärgerlich und mit Kosten verbunden, aber notwendig, denn sonst wird die Katze "ihrem" Geruch irgendwann wieder folgen.

Um zu vermeiden, dass Ihre Katze aus Gewohnheit weiterhin "ihre" Stellen, auch nach Ihrer Reinigung, aufsucht, sollten Sie Ihrer Katze eine Übergangskatzentoilette an diese Stelle bzw. in unmittelbare Nähe stellen. Machen Sie es ihrer Katze leicht eine Katzentoilette, statt "der" Stelle zu nutzen. Die Übergangskatzentoilette soll keine Dauereinrichtung werden, sondern nur für eine kurze Zeit der Katze angeboten werden.

War es der Teppich oder eine Decke, die die Katze genutzt hat, entfernen Sie diese Gelegenheit. Je weniger Gelegenheit die Katze hat, desto eher wird sie wieder die Katzentoilette bevorzugen. Sie können "die" Stelle auch unzugänglich machen. D. h. nicht Türen verschließen, sondern vielleicht einen kleinen Kratzbaum an die Pieselstelle stellen oder die Couch vorübergehend über dieser Stelle positionieren.

Als weitere Möglichkeit können Sie die betreffende Stelle, nachdem sie intensiv gereinigt wurde, auch als Futterplatz für die Katze einrichten. Unsauberkeit am Futterplatz kommt für Katzen so gar nicht infrage. Der neue

Futterplatz sollte mindestens so lange eingerichtet bleiben, bis mindestens über einen Zeitraum von vier Wochen keine neue Unsauberkeit an dieser Stelle aufgetreten ist.

Je länger Ihre Katze unsauber war, um so länger dauert auch der Umlernprozess, den Ihre Katze mit Ihrer Hilfe durchläuft.

Zum Abschluss dieser Miniartikelserie danke ich Ihnen im Namen Ihrer Katze, dass Sie sich die Zeit genommen haben, die Artikel der Miniserie zu lesen und ich hoffe, Sie konnten die eine oder andere Erkenntnis gewinnen.

Haustier-Apotheke

Oberflächliche Hautwunden können ohne einen Tierarztbesuch vom Halter selbst versorgt werden. Bei einer offenen Wunde ist eine Erstversorgung wichtig, ein anschließender Besuch beim Tierarzt unabdingbar.

Jeder Haustier-Halter sollte auf den Fall der Fälle vorbereitet sein, auch, wenn sich niemand wünscht, dass die Haustier-Apotheke jemals zum Einsatz kommt.

Was ist eine Haustier-Apotheke und was sollte in der Haustier-Apotheke sein?

Die Haustier-Apotheke ist im Grunde nichts anderes als unsere Hausapotheke, nur eben auf die Bedürfnisse unserer Haustiere abgestimmt.

Mit einer kleinen, aber gut sortierten Haustier-Apotheke kann jeder Halter Erste Hilfe bei seinem Tier leisten.

Folgendes sollte in der Haustier-Apotheke zu finden sein:

- Fieberthermometer (Es sollte nicht das eigene sein, denn bei Haustieren wird die Körperinnentemperatur rektal gemessen. Digitale Fieberthermometer messen in 10 – 15 Sek. die Körperinnentemperatur.)
- Schere (mit abgerundeter Spitze) zum Wegschneiden von Fell rund um die Wunde
- Zeckenzange (auch für reine Haustiere)
- Desinfektionsmittel (z. B. Wasserstoffperoxidlösung – zerfällt nach gut 6 Monaten in Wasser und Sauerstoff, gibt es in der Apotheke)
- Spritze ohne Nadel (zum Ausspülen von Wunden)
- Wund- und Heilsalbe (z. B. Traumeel oder Bepanthen)
- Sterile Tupfer (werden auch zur Polsterung bei einem Pfotenverband benötigt)
- Verbandsmaterial (z. B. Mullbinden oder selbsthaftende, elastische Binde, z. B. PetFlex)
- Pflaster (ist i.d.R. im Haushalt vorhanden)

- Einweghandschuhe
- Rescue Remedy-Tropfen oder –Spray für Tiere (bis zu 10 Jahre haltbar)

Die Liste erhebt keinen Anspruch auf Vollständigkeit.

Zusätzlich sollte sich in der Haustier-Apotheke auch eine Liste mit den wichtigsten Notfalltelefonnummern befinden:

- Tierarzt
- Giftnotrufzentrale
- Nächstgelegene Tierklinik (am besten mit Adresse)

Unsere Haustier-Apotheke ist eine kleine Plastikbox, die mit Aufklebern entsprechend als Haustier-Apotheke gekennzeichnet ist. An der Deckelinnenseite und an einer Boxaußenseite haben wir die Notfalltelefonnummern aufgeklebt.

Wichtig ist natürlich, dass auch die Haustier-Apotheke wie unsere eigene Hausapotheke regelmäßig auf Vollständigkeit und Haltbarkeitsdaten überprüft wird.

Der Katzen-Nachwuchs (Timeline)

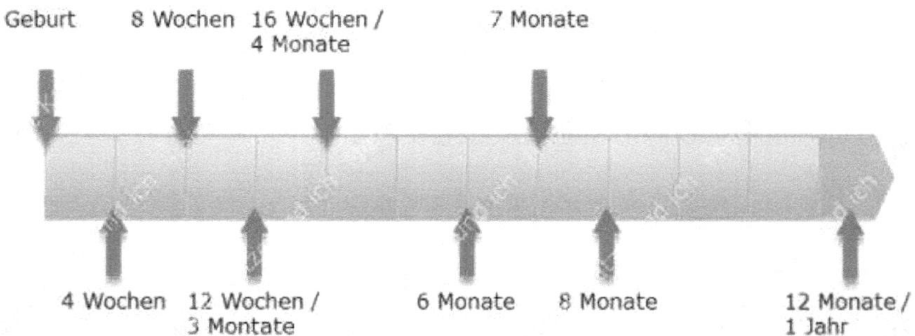

Geburt: Blind und taub

5./6. Tag: Die Kitten bearbeiten den Bauch der Mutter mit rhythmischen Tritten.

9.-12. Tag: Die Augen der Kitten öffnen sich.

2. Woche: Das Gehör beginnt zu funktionieren.

3. Woche: Die Milchzähne brechen durch.

4. Woche: Das Abstillen der Kitten beginnt. Die Kitten beginnen zu spielen. Unterweisung in Jagdkunst durch Mutterkatze.

4.-5.Woche: Die erste Zufütterung kann stattfinden. Die erste Entwurmung ist empfohlen.

5. Woche: Die Milchzähne brechen durch. Die mütterliche Katzenerziehung beginnt.

5.-6. Woche: Die Kitten können Harn und Kot ohne die Hilfe der Mutter kontrollieren. Der Reflex beim Sturz auf allen vier Pfoten zu landen ist ausgebildet.

6.-7. Woche: Gesichtswäsche mit den Vorderpfoten kann katzengerecht ausgeführt werden.

7. Woche: Die Fähigkeit zur Regulierung der Körpertemperatur ist entwickelt. Objektbezogene Spiele treten in den Vordergrund. Die zweite Entwurmung steht an.

50. Tag: Die Kitten werden noch gestillt.

8. Woche: 1. Impfung (Katzenseuche, -schnupfen und Leukose)

10. Woche: Sämtliche Instinkthandlungen sind ausgeprägt, Ausnahme: Sexualverhalten.

10.-12. Woche: Die eigentliche Augenfarbe zeigt sich allmählich.

12. Woche: Die Kitten ziehen in ihr neues Zuhause. 2. Impfung (Katzenseuche, -schnupfen und Leukose).

16.-20. Woche: Jagderfahrung bis jetzt entscheidet, ob Beutejäger und welche Beutetiere bevorzugt werden.

4.-6. Monat: Die Milchzähne werden durch die zweiten Zähne ersetzt.

6. Monat: Katzen sind völlig selbstständig und unabhängig.

6.-7. Monat: Kätzin entwickelt Sexualtrieb.

8. Monat: Kater entwickelt Sexualtrieb

1 Jahr: Erwachsenenalter

Die Entwicklung eines Kätzchen im Mutterleib

Katzen sind fast unergründliche Lebewesen, die uns Menschen faszinieren.

Katzen, wenn sie nach einer Tragezeit von 63 – 68 Tagen geboren werden, sind schon kleine Sensationen.

Gut 24 Tage braucht es bis aus einem unsortiertem Zellhaufen ein winziger Katzenfötus entstanden ist. Der Tastsinn ist schon vorhanden. Das Kitten kann jetzt schon Temperatur und Druck spüren. Mit etwa einem Monat entsteht das Urvertrauen, dass alles in Ordnung ist und die Welt sicher für das Kitten ist. Eine wichtige Voraussetzung ist, dass das Kitten nicht unter Angst, Hunger und Krankheit der Katzenmutter leiden darf, denn sonst ist das Kitten auf Entbehrungen eingestellt.

Damit Kitten sich gut entwickeln, ist es wichtig, dass die Katzenmutter in der Zeit ihrer Trächtigkeit gutes Futter und auch Extrastreicheleinheiten bekommt. Denn ist nicht genug Nahrung für die Kitten vorhanden, beginnt der erste Kampf der Kitten – nämlich ein Nahrungskonkurrenzkampf mit den Geschwisterchen.

Damit bei diesen Kämpfen in der Gebärmutter keine Eihülle beschädigt oder reißt, haben die Kitten Krallenschoner, die nach der Geburt abfallen und die winzigen, aber spitzen Krallen freigeben.

Auch der Stellreflex ist bei dem ungeborenen Kitten schon vorhanden, das Kitten landet ihn seiner Eihülle immer auf den Pfötchen. Der Stellreflex ermöglicht es einer Katze in weniger als einer Sekunde sich so zu drehen, dass sie immer auf den Pfötchen landet und so einen Fall besser abfedern kann, um sich möglichst nicht zu verletzen.

Zum Ende der Tragezeit entwickelt sich das Gehör, während die Augen noch geschlossen.

Die Temperaturschwankungen im Mutterleib haben einen interessanten Effekt auf die Fellfarbe. Die Körperteile der ungeboren Kitten, die an kühleren Stellen der Gebärmutter gelegen haben, werden im größerer Wahrscheinlichkeit weißes Fell haben als andere. Voraussetzung ist allerdings, dass das Kitten überhaupt die Anlage für Weiß in sich trägt.

Kitten wiegen im Durchschnitt bei der Geburt 100 g und verdoppeln in ihrer ersten Lebenswoche ihr Gewicht. Am 3. Lebenstag wird die Nabelschnur abfallen, am 4.-5. Lebenstag ist das Gehör funktionsfähig, auch, wenn sich ein Kitten dann noch nicht orientieren kann. In den ersten 2 Lebenswochen können die noch blinden und tauben Kitten auf eine Distanz von 50-70 cm die Mutterkatze finden, da ihr Geruchssinn bereits sehr gut entwickelt ist.

Die erste Lebenswoche eines Kätzchens

Nach einer Tragezeit vom 63 – 68 Tagen wird ein Kitten geboren. Bei der Geburt wiegen Kitten im Durchschnitt 100 g. Im Laufe ihrer ersten Lebenswoche verdoppeln die Kitten ihr Geburtsgewicht.

Ist ein Kitten geboren wird es von der Katzenmutter aus der Eihülle befreit. Sie beißt die Nabelschnur ab und leckt das Kitten sauber und trocken. Das Lecken regt den Kreislauf des neugeborenen Kittens an.

Jetzt robbt das Kitten zur ersten Mahlzeit an die Zitzen mit Unterstützung der Katzenmutter. Bei den ersten Mahlzeiten bekommt das Kitten eine sehr reichhaltige Milch – auch Kolostrum genannt. Das Kolostrum versorgt das neugeborene Kitten mit den notwendigen Antikörpern, damit die normale Entwicklung beginnen kann.

Ein neugeborenes Kitten bringt schon vieles an Erfahrungen, Fähigkeiten und Sinneswahrnehmungen mit ins Katzenleben.

Die anfangs noch „weichen“ Pfötchen werden im Laufe der ersten Lebenswoche stärker, die direkte Abhängigkeit von der Mutterkatze bleibt unverändert. Die Kitten trinken und schlafen und werden von der Mutterkatze ausgiebig geleckt und sauber gehalten. Das Lecken jetzt regt die Verdauung an.

Wer sich als nicht vertrauter Mensch zu nah an die kleinen Kitten herantraut, muss damit rechnen, dass dieses kleine, nur wenige Tage alte Kitten faucht – auch ohne, dass es sehen kann.

Offene Augen und Ohren

In der 2. Lebenswoche öffnen die Kitten langsam ihre Augen. Mit ihren wasserblauen Augen können sie noch nichts sehen, aber die Augen gewöhnen sich nach und nach an die Helligkeit. Es wird jetzt noch gut 2 Wochen dauern bis die Kitten klar sehen können. Aber, um die Zitze der Mutter zu finden, reicht es aus. Die Umgebung wird kaum erfasst.

Die kleine Beinchen sind noch nicht kräftig genug, um richtig zu laufen. Daher tapsen die Kitten durch die Gegend und verlieren auch schon mal den Stand und kullern dann unfreiwillig rum. Die Katzenmutter ist aber zur Stelle, wenn eins der Kitten um Hilfe maunzt. Am Ende der 2. Lebenswoche sind die Beinchen aber so stark geworden, dass die Kitten sich schon munter bewegen.

Neben den Augen gehen in dieser 2. Lebenswoche auch die Ohren „an den Start“. Die Ohren klappen sich aus und sind als kleine Spitzen im Babyfell zu erkennen. Auch die Milchzähne kommen durch und nach ein paar Tagen können die Kitten schon beachtlich fauchen, kratzen und auch beißen. Auch das Haarsträuben funktioniert jetzt schon.

In dieser 2. Lebenswoche fangen die Kitten auch schon an sich gegenseitig rumzuschubsen. Wobei festzustellen ist, dass Kater-Kitten aktiver sind als ihre Schwestern. Das Rumschubsen ist wichtiges Training für die Kitten.

Eins ist auch noch interessant – es gibt kaum rein weibliche Würfe bei Katzen. Ein Kater ist in der Regel mindestens unter den Kitten. Das schwerste Kitten in einem Wurf ist nicht immer unbedingt ein Kater.

Die Kitten haben sich in ihrer 2. Lebenswoche von hilflosen kleine Kitten zu richtig mobilen Kätzchen entwickelt.

Das stärkste Kitten

Mit der 3. Lebenswoche beginnt sich der Unternehmungsgeist der Kitten zu zeigen. Denn das Trinken und Schlafen in den ersten beiden Lebenswochen ist für Kitten nun nicht mehr ausfüllend.

Das erste Gerangel mit den Wurfgeschwistern zeigt die Lebensgeister der Kitten. Die ersten Ausflüge in die unmittelbare Umgebung der Wurfkiste werden unternommen, aber auch jetzt ist die Katzenmutter immer noch die Rettung. Sie holt ihre Kitten wieder zurück, wenn sich eins Mal etwas weiter entfernt hat und dann den Weg doch nicht wieder zurückfindet.

Für die Katzenmutter treten in der 3. Lebenswoche ihrer Kitten auch Veränderungen auf. Sie kann wieder längere Streifzüge unternehmen, da die Kitten nicht mehr so häufig und so lang zum Trinken an den Zitzen kommen. Allerdings muss sie jetzt häufiger erzieherisch durchgreifen, denn die Kitten werden „frech“.

In dieser Lebenswoche zeigt sich auch, welches der Kitten das Stärkste im Wurf ist. Häufig ist es ein Weibchen, dass größer und kräftiger als die Kater im Wurf ist.

Auch die Verdauung können die Kitten im Laufe dieser 3. Lebenswoche eigenständig zu Ende bringen. Hin und wieder muss die Katzenmutter doch noch mal nachhelfen, aber auch der Mensch kann hier helfend eingreifen und den Kitten mit einer Bäuchleinmassage helfen.

Es ist jetzt auch schon möglich die Kitten langsam an Katzenfutter heranzuführen. Die Katzenbabynahrung kann mit Wasser zu einem weichen Futterbrei verrührt und den Kitten angeboten werden.

Auch das erste Kistchen, das nur eine kleine, flache Katzentoilette sein sollte, kann, wenn es in unmittelbarer Nähe des Wurflagers steht, den Kitten zur Nutzung schon angeboten werden.

Prägephase

Mit der 4. Lebenswoche beginnt die Prägephase. Diese Phase geht bis zur 9. Lebenswoche. Alles, was ein Kätzchen bis dahin nicht kennengelernt hat, kann durchaus zu einem Problem werden. Alles, was das Kätzchen in dieser Prägephase an Eindrücken aufnimmt, sind wie eingebrannt ins Bewusstsein.

In der Prägephase sollten die Kätzchen nicht mehr „isoliert“ sein, sondern sollten mit anderen Menschen, Tieren und Geräuschen in Berührung kommen, damit ihre sozialen Kontakte vielfältiger Natur sind.

In dieser 4. Lebenswoche kommen die kleinen Milchzähnchen durch und die Kätzchen lernen schnell, dass sie ihre neuen Zähnchen und die Krallen vielfältig einsetzen können.

Die Kätzchen werden jetzt immer aktiver und die Mutterkatze beobachtet mit scharfen Blick das Gewusel ihres Nachwuchses. Die Kätzchen entdecken, dass sie z. B. ganz allein das Sofa raufklettern können. Den Abgang trauen sie sich aber doch noch nicht zu. Die Koordination der Bewegungen wird hier trainiert.

Der Einsatz der Zähnchen und Krallen ist es auch, der die Mutterkatze immer wieder ärgerlich stimmt, da Zähnchen und Krallen beim Milch trinken ihr wehtun. Immer mehr bestimmt die Mutterkatze die Trinkzeiten.

Der sich in der 3. Lebenswoche entwickelte Geschmackssinn ist nun in der 4. Lebenswoche voll ausgeprägt. Die Kätzchen schmecken jetzt, was sie fressen.

Um aber den kleinen Magen eines Kätzchens bei den ersten Fütterungen mit Katzenfutter nicht zu strapazieren, ist es sinnvoll das Katzenfutter mit Wasser zu einem Brei zu verrühren.

Auch sollte spätestens jetzt in der 4. Lebenswoche die erste Kätzchen gerechte Katzentoilette aufgestellt werden, falls es nicht schon erfolgt ist. Am beliebtesten ist ein Streu, das klumpt, aber trotzdem feinkörnig ist. Die Nutzung der Katzentoilette schauen sich die Kätzchen von ihrer Mutterkatze ab.

Wer jetzt gucken will, welche Geschlechter die Kätzchen haben, wird dies kaum feststellen können, denn das Geschlecht lässt sich in dieser Lebenswoche schlecht erkennen. Am besten ein paar Tage nach der Geburt gucken oder es muss bis zur 8. Lebenswoche gewartet werden.

Katzenwäsche

Jetzt in ihrer 5. Lebenswoche fangen die Kätzchen mit der Katzenwäsche an. Sie üben und üben. Der Beinchen-hoch-Putzknoten erfordert immer wieder das Sortieren der Pfötchen und auch das Umfallen beim Putzen des Hinterteils passiert immer wieder.

Die Mutterkatze kehrt immer mehr in ihren eigenen Tagesrhythmus zurück. Hin und wieder liegt sie ihrem Nachwuchs zuliebe noch bei ihnen und leckt sie auch dann und wann noch mal.

Zum Ende der 5. Lebenswoche können die Kätzchen auch endlich klar sehen. Das Gehirn ist mit dem Ende der 5. Lebenswoche auch für weitere Reize für die Augen nicht mehr aufnahmefähig, d. h., dass Kätzchen, die bis dahin z. B. kein richtiges Tageslicht gesehen haben eine Sehstörung haben werden.

Die Kätzchen nehmen feste Nahrung zu sich und nutzen die Katzentoilette.

Die Kätzchen haben durch Spielen schnell Hunger und sollten das Katzenfutter, das jetzt nicht mehr mit Wasser zu einem Futterbrei aufbereitet ist, bekommen.

Die Nutzung der Katzentoilette lernen die meisten Kätzchen durch Abgucken. Ist Toilettentraining doch von Nöten, dann sollte ein Kätzchen etwa eine viertel Stunde nach einer Mahlzeit in die Katzentoilette gesetzt werden. Wenn der Halter ein wenig mit den Fingern im Streu scharrt, wird das Kätzchen nach und nach verstehen, was erwartet wird. Geht mal ein Häufchen daneben, sollte dieses Häufen zwar weggemacht, aber nicht weggeschmissen werden, sondern zu „Anschauung“ in die Katzentoilette gelegt werden, damit das Kätzchen eine Verbindung herstellt.

Lernen

Ab der 6. Lebenswoche gehen die Kätzchen in die Katzenschule des Lebens. Die Mutterkatze bringt ihnen 2 Dinge bei: Benimm und Mäusefang.

Ist die Mutterkatze eine Freigängerin, bringt sie für den Mäusefang Mäuse mit rein und zeigt den Kätzchen, wie die Maus gefangen wird. Die Mutterkatze zeigt den Kätzchen auch, wie eine Katze eine Maus richtig tötet.

Bei den Kätzchen zeigt sich schnell, wer ein gute Mäusefänger ist. Das Fangen einer Maus ist ein Instinkt. Hier muss ein Kätzchen nichts lernen. Beim Tötigungsbiß gucken sich die Kätzchen viel von der Mutterkatze ab.

Will der Halter vermeiden, dass die Kätzchen Hamster, Meerschwein, Vögel etc. im Zuhause jagen und womöglich erfolgreich erlegen, muss spätestens jetzt in der 6. Lebenswoche eine Zusammenführung unter voller Kontrolle erfolgen. Allerdings sollte die Mutterkatze bei der Zusammenführung nicht anwesend sein.

Die Kätzchen sind sehr verspielt und toben übermütig rum. Tun sie dies zu nah bei der Mutterkatze, so passiert es häufiger, dass die Mutterkatze ihren Nachwuchs mit Ohrfeigen in ihre Grenzen weist. Auch faucht die Mutterkatze ihren Nachwuchs richtig böse an, wenn sie mal wieder übermütig und frech werden.

In ihrer 6. Lebenswoche wiegen die Kätzchen inzwischen schon um die 600 g.

Schmusen tun die Kätzchen noch nicht viel. Das liegt aber eher daran, dass sie vom Spielen und Toben so müde sind, dass sie sofort einschlafen, wenn sie sich hingelegt haben. Dafür aber ist die Mutterkatze wieder empfänglich für Schmuseeinheiten und fordert diese bei ihren Haltern auch wieder regelmäßiger ein.

Bewegung

Mit der 7. Lebenswoche sind Kätzchen kaum noch zu halten.

Die Kätzchen sind sehr aktiv. Sie toben und kämpfen mit den Wurfgeschwistern, springen – in alle Richtungen: Hoch und weit und wissen, wie sie ihre Pfötchen einsetzen können.

Die Kätzchen sind entweder hoch aktiv und spielen intensiv oder sie liegen irgendwo und schlafen tief und fest. Die Zeit des Dösens und des nur Guckens sind kaum noch vorhanden. Auch zum Schmusen haben die Kätzchen fast keine Zeit mehr.

Bei den Kämpfen mit den Wurfgeschwistern sollte ein Halter nicht dazwischen gehen. Die Kämpfe mit in die Ohren beißen, krallen, verbeißen und mit den Hinterbeinen treten sehen schlimmer aus, als es ist. Verletzen tun sich die Kätzchen gegenseitig nicht.

Auch stellen die Kätzchen fest, dass das Angeln von Gegenständen mit den Krallen nicht so einfach ist. Daher üben sie es intensiv. Sie krallen sich kleine Dinge, werfen sie hoch und springen hinterher. Damit beschäftigen sich die Kätzchen auch gern mal allein.

Die 7. Lebenswoche läutet auch das Ende der Prägephase ein. Jetzt kann der Halter noch gezielt Einfluss nehmen. Die Kätzchen sind jetzt alt genug, z. B. einen katzenfreundlichen Hund kennenzulernen. Auch einer ersten Autofahrt steht nichts im Weg. Aber trotzdem sollten es nicht übertrieben werden, sonst geht noch etwas schief und den Kätzchen sitzt eine negative Erfahrung ihr Leben lang im Gedächtnis.

Die Einzigartigkeit der Kätzchen ist mit dem Ende der 7. Lebenswoche weitgehend festgelegt.

Die Prägephase geht zu Ende, die Lernphase schließt sich direkt an.

Fast nicht zu halten

Die Kätzchen sind nun sehr aktiv. Weder Füße noch Hände noch ein Hosenbein sind vor den Kätzchen sicher. Auch mal eben über den Tisch oder die Küche laufen kommt jetzt vor.

Jetzt ist es an der Zeit, dass der Halter den Kätzchen Grenzen aufzeigt, denn auch die Katzenmutter tut es.

In der 8. Lebenswoche der Kätzchen zeigt sich, dass die Katzenmutter nicht begeistert ist, wenn eins oder sogar mehrere ihrer Kätzchen die Katzenmutter zum Spielen missbrauchen und ihr dabei in den Schwanz beißen oder krallen.

Die Kätzchen sollten jetzt auch mit anderen älteren Katzen in Kontakt kommen. Denn durch diesen Kontakt lernen sie, wie weit sie gehen können.

Die ein oder andere Ohrfeige oder auch mal ein Anknurren oder Fauchen gehört dazu.

Da der Bewegungsspielraum der Kätzchen immer größer wird, muss der Katzenhalter Vorsicht walten lassen. Denn je größer der Bewegungsspielraum ist, desto größer ist auch die Gefahr, dass etwas passieren kann. Die Katzenkinder sind noch unerfahren und wissen nicht, welche Gefahr von einer offenen Waschmaschine oder einer heißen Herdplatte ausgehen kann.

In der 8. Lebenswoche ist das Katzengehirn fertig strukturiert und ist bereit Eindrücke, Wissen und Erfahrungen aufzunehmen. Die Kätzchen verhalten sich jetzt weniger instinktiv, sondern überlegter. Eine negative Erfahrung wird dem Kätzchen nicht sein Katzenleben lang anhängen, sondern kann auch schnell wieder vergessen werden.

Jetzt fängt auch die Abnabelung von der Katzenmutter für die Kätzchen an. Die Katzenmutter wird nicht mehr so intensiv und häufig mit ihren Katzenkindern kuscheln.

Auch, wenn die Phase der Abnabelung für den Halter den Anschein hat, dass die Kätzchen jetzt schon zum neuen Halter ziehen können, ist der Anschein falsch. Die nächsten 4 Wochen brauchen die Kätzchen, um sich von der Katzenmutter abzunabeln. Sie verlieren in dieser Zeit die Sehnsucht nach dem Nuckeln bei der Katzenmutter, denn die Katzenmutter „schlägt“ die Katzenkinder in dieser Zeit „ab“.

In dieser Zeit lernen die Kätzchen, sich erwachsen zu fühlen.

Der 3. Lebensmonat

Früher wurden Kätzchen oftmals schon mit 8 Wochen ins neue Zuhause gegeben, weil befürchtet wurde, dass die Kätzchen sonst kein Zuhause mehr finden würden.

Dass dies ein Denkfehler ist, ist inzwischen bekannt. Denn im 3. Lebensmonat sind die Kätzchen noch ängstlich und schreckhaft. Sie sind noch zart und schutzbedürftig. Die Kätzchen verstecken sich noch viel und kommen nicht selbstverständlich zum Schmusen und Spielen.

Bis zur 8. Lebenswoche sind die Kätzchen auch noch durch die Muttermilch gegen viele Infektionen geschützt. Die Schutzwirkung der Muttermilch lässt aber langsam nach und die Kätzchen sollten ihre erst Schutzimpfung bekommen.

Äußerlich passiert im 3. Lebensmonat nichts Sichtbares. Die Kätzchen sind etwa 30 cm groß und haben etwa ein Viertel ihres endgültigen Körpergewichts erreicht. Die Kätzchen sind so frech und verspielt wie später nie wieder. Aber die Katzenmutter hat gerade jetzt alle Pfoten voll zu tun. Die Katzenmutter weist die Kätzchen in ihre Schranken, sie macht die Kätzchen stark und sie gibt „Nachhilfe" beim Mäusefangen. Diese Zeit der Erziehung durch die Katzenmutter oder eine andere erwachsene Katze kann kein Halter leisten.

Ziehen die Kätzchen mit 3 Monaten ins neue Zuhause, ist nicht mehr viel an Erziehung durch den neuen Halter notwendig.

Die Katze wird erwachsen

Die Kätzchen sind inzwischen bei ihren neuen Halter eingezogen und sie wachsen und gedeihen. Irgendwann wird aus den Kätzchen eine erwachsene Katze bzw. Kater. Katzenhalter wundern sich manchmal, warum aus ihrer lieben Katze plötzlich eine Kratzbürste wird.

Stimmungsschwankungen werden durch Hormone ausgelöst. Im Gegenteil zu uns Menschen ist die Veränderung bei Katzen nicht am äußeren Erscheinungsbild festzustellen.

Für die Katze fängt die frühpubertäre Phase nach dem 3. Lebensmonat ein. Kater gehen noch 2 weitere Monate ohne Hormonbelastung durchs Katzenleben. Eine Katze ist mit 6 – 9 Monaten geschlechtsreif, Kater werden mit 9 – 12 Monaten zeugungsfähig.

Ist das Kätzchen ausgewachsen, sollte sich der Halter Gedanken über eine Kastration machen. Katze bzw. Kater sollte nicht vor dem 6. Lebensmonat kastriert werden.

Wird eine Katze bzw. ein Kater nicht kastriert, wird der Halter sich mit der Rolligkeit der Katze konfrontiert sehen bzw. mit dem Männlichkeitswahn. Eine Katze miaut in allen Tonlagen und wird sich viel auf dem Boden rekeln und rollen. Da eine Katze aber nicht nur 2x im Jahr rollig wird, sondern oft monatlich und dann für 2 Wochen oder länger, ist es ein erheblicher Stress für die Katze. Der Männlichkeitswahn eines Katers kann durchaus das Setzen von Duftmarken in der Wohnung deutlich werden.

Die Kastration einer Katze nimmt ihr den Stress einer Dauerrolligkeit und der Männlichkeitswahn des Kater schläft durch eine Kastration ein.

Katzen unter sich

Die kätzische Rangordnung verstehen

Ein Halter liebt alle seine Katzen gleichermaßen und aus Sicht des Halters gibt es eigentlich keinen Grund für Unstimmigkeiten oder Kämpfe. Aber die Katzen sehen sich untereinander nicht als gleich an. Eine kätzische Rangordnung ist wichtig in einer Katzengruppe.

Katzen sind soziale Tiere, auch, wenn oft angenommen wird, dass Katzen Einzelgänger sind. Katzen sind bei der Jagd Einzelgänger und auch territorial veranlagt, aber diese Tatsachen schließen nicht aus, dass Katzen sozial sind und sich auch so verhalten.

Katzengruppe reichen von unabhängigen frei lebenden, teilweise verwilderten Katzen, die alleine jagen und auch mehr oder weniger allein leben, obwohl sie Teil einer Katzengruppe sind, bis hin zu Hauskatzen, die ihr Zuhause mit mehreren Artgenossen teilen.

Bei frei lebenden Katzen hängen die sozialen Kontakte zu Artgenossen von der Verfügbarkeit von Futter und Unterschlupfmöglichkeiten ab. Ist eine gute zuverlässige Futterquelle vorhanden, werden die Katzen näher beieinander leben, aber trotzdem als Einzelkatze in der Gruppe leben.

Die am häufigsten vorkommende soziale Bindung ist die einer Mutterkatze mit ihren Kitten. Bei frei lebenden Katzen bleiben die Kitten in der Regel länger bei der Mutterkatze, als es bei Katzen, die bei uns Menschen aufwachsen. Kitten sollten mindestens 12 Wochen bei der Mutterkatze verbleiben!

Bei frei lebenden Katzen verlässt der männliche Nachwuchs in der Regel das Revier der Mutterkatze. Der weibliche Nachwuchs wird in der näheren Umgebung eigene Reviere suchen.

In frei lebenden Katzengruppen kommt es nicht selten vor, dass die Kitten von allen Mutterkatzen versorgt und aufgezogen werden. Denn so wird sichergestellt, dass mehr Nachwuchs überlebt, auch, wenn eine Katzenmutter mal nicht die Kraft und Energie hat, ihren eigenen Nachwuchs aufzuziehen.

Bei Hauskatzen kann es vorkommen, dass sich die zusammenlebenden Katzen nur tolerieren. Es kommt aber ebenso vor, dass Katzen aus verschiedenen Hierarchiestufen engere Bindungen eingehen. Es kommt dabei immer darauf an, wie gut jede der Katzen sozialisiert ist, welche Art von Persönlichkeit die Katzen haben und wie die Zusammenführung erfolgt ist. Auch die Auffassung der Katzen die Wohnung in Reviere aufzuteilen darf dabei nicht vergessen werden.

Die kätzische Rangordnung bei Hauskatzen ist nicht starr, sondern ändert sich immer wieder. Die Rangordnung kann schon dadurch durcheinandergeraten, wenn verschiedene Katzen zusammen in einem Raum sind, den eine der Katzen für sich beansprucht.

Die kätzische Rangordnung kann man sich ein bisschen wie die Sprossen einer Leiter vorstellen. Allerdings befinden sich die Sprossen nicht in gleichmäßigen Abständen zueinander, sondern können manchmal auch nur eine Schnurrhaarbereite auseinanderliegen oder mal einen großen Schritt auseinander sein.

Auf der höchsten Sprosse wird die Katze sitzen, die die Rangordnung anführt.

Würde jetzt jede neu dazukommende Katze auf der untersten freien Sprosse Platz nehmen, käme es wahrscheinlich nicht zu Spannungen. Aber eine neu dazugekommene Katze wird sich ihren Platz auf der Leiter suchen und dabei andere Katzen verdrängen, was diesen gar nicht gefallen wird.

Der Rangplatz einer Katze innerhalb einer Katzengruppe wird durch verschiedene Faktoren beeinflusst – wie Alter, Gesundheit, Körpergröße, Geschlechtsreife, soziale Reife, Anzahl der Katzen in der Gruppe, ob eine Katze mit Wurfgeschwistern aufgewachsen ist, wie die Katzen untereinander agieren etc. Die Liste der Faktoren lässt sich fast endlos verlängern.

Und nicht immer ist es die größte Katze in der Gruppe, die die Gruppe dominiert.

Kitten zu sozialisieren ist die Basis für ihr späteres Verhalten – mit anderen Katzen, anderen Tieren und uns Menschen.

Die eigentliche Sozialisierungsphase findet ab der zweiten Lebenswoche statt und geht in der Regel bis zur siebten Lebenswoche.

Mit Beginn der Sozialisierungsphase können wir Menschen den ersten Kontakt mit den Kitten aufnehmen. Es sollten ruhig verschiedene Menschen sein, denn so können die Kitten ihre Angst vor Menschen verlieren und werden als erwachsene Katze schneller Vertrauen fassen. Die ersten zwei Wochen aber sollte man die Mutterkatze und ihren Nachwuchs in Ruhe lassen. In diesen ersten zwei Wochen bauen Mutterkatze und Kitten eine enge, intensive Bindung zueinander auf. Denn wird es der Mutterkatze zu unruhig, wird sie ihre Kitten an einen anderen, aus ihrer Sicht sicheren und ruhigeren Ort bringen.

Es ist wirklich wichtig, dass die Kitten Minimum 12 Wochen bei der Mutterkatze und ihren Wurfgeschwistern bleiben, bevor sie in ein neues Zuhause ziehen. Kitten, die früher von der Mutterkatze und ihren Wurfgeschwistern getrennt werden, haben nicht die Möglichkeit Sozialkompetenz zu lernen. Solche Kitten überschreiten dann beim Spielen mit ihrem Menschen die eine oder andere Grenze, z. B. zu fest zubeißen, weil sie diese Grenze im Spiel mit ihren Wurfgeschwistern nicht kennengelernt haben.

In den 12 Wochen mit der Mutterkatze und den Wurfgeschwistern lernen die Kitten auch andere Katzen in ihrer Umgebung zu akzeptieren.

Es gibt Situationen, in denen die kätzische Rangordnung in einer Katzengruppe komplett auf den Kopf gestellt werden. Auslöser können das Hinzukommen oder der Weggang einer Katze sein, Krankheit, Tod oder Geschlechtsreife sein. Auch ein für den Halter nicht so offensichtlicher Auslöser kann Unruhe in die Katzengruppe bringen – soziale Reife.

Jedem Halter ist bekannt, dass eine Katze im Alter von einem Jahr als erwachsene Katze gilt. Aber bis zum vierten Lebensjahr einwickelt die Katze ihre soziale Reife.

Daher kann es vorkommen, dass Katzen in dieser Zeit das Fell „juckt" und die betreffende Katze die eine oder andere Sprosse der Leiter aufrücken will. Die dadurch verdrängten Katzen werden nicht so einfach ihre Leitersprosse freigeben.

Das Kranksein einer Katze spielt auch eine große Rolle in der Rangordnung. Eine Katze, die krank ist, rutscht auf die unterste Sprosse, unter die „letzte" gesunde Katze runter. Egal, auf welcher Sprosse sie vorher saß.

Faktoren wie wie die Katzen sozialisiert sind, wie die Vergesellschaftung(en) abgelaufen ist (sind), die Anzahl dominanter Katzen und die normale Haushaltsdynamik spielen dabei eine Rolle.

Neben der Anzahl der Katzen, die man halten kann/möchte, muss auch immer der Faktor Geld dabei bedacht werden. Denn, hält man Katzen, geht man den Katzen gegenüber eine Verpflichtung ein. Diese dreht sich nicht nur um die Versorgung mit Futter, sondern auch um die Gesundheit der Katzen. Halter, die „nur" die regelmäßigen Gesundheitschecks bei ihren Katzen haben, sind in der glücklichen Position gesunde Katzen zu haben. Bei kranken Katzen kann es ganz anders aussehen und die benötigte tierärztliche Betreuung kann schnell viel Geld kosten.

Es ist wichtig zu erkennen, wie viele Katzen man maximal halten sollte. Es wird weder den Katzen noch dem Halter zusagen, wenn zu viele Katzen auf zu „wenig" Raum zusammenleben müssen.

Die (komplexe) kätzische Verständigung

Katzen sind Meister der Kommunikation. Im Vergleich zu uns Menschen wenden Katzen drei Formen der Kommunikation an: Geruch, Körpersprache und Lautgebung.

Meine Katze und ich

Als territoriale Tiere, die versuchen Streit zu vermeiden, kann gute Kommunikation den Unterschied zwischen Verletzung und Sicherheit oder im schlimmsten Fall zwischen Leben und Tod ausmachen.

Je besser ein Katzenhalter seine Katze(n) „lesen" kann, desto eher ist er in der Lage rechtzeitig bei aufflammenden Kleinkriegen einzuschreiten.

Die Beschreibungen helfen hoffentlich dabei besser unterscheiden zu können, ob eine Katze sich offensiv oder defensiv verhält.

Und je besser man seine Katze(n) „lesen" kann, um so besser wird das Miteinander von Katze und Mensch funktionieren.

Augen

- Runde Pupillen: Interesse, Erregung, Angst oder defensive Aggression
- Verengte Pupillen: Angriffsaggression
- Leicht ovale Pupillen: Entspannung
- Unbewegliches Starren: Drohung (dominant oder verteidigend)
- Entspannte, fast hängende Lider: Vertrauen und Entspannung

Wichtig zu wissen ist, dass die Pupillengröße abhängig vom Lichteinfall ist oder aber auch Anzeichen von Krankheit oder Verletzung sein kann.

Ohren

- Normalstellung, aufrecht: Die Katze ist entspannt und gelassen.
- Nach vorne gerichtet: Die Katze ist sehr aufmerksam und will nicht gestört werden in ihrer Konzentration.
- Ein Ohr zur Seite gedreht, das andere in Normalstellung: Die Katze ist verunsichert, irritiert oder verlegen. Sie versucht zu entscheiden, was sie als Nächstes tut.
- Beide Ohren zur Seite gerichtet: Die Katze ist verärgert, weil sich gestört oder gereizt wurde. Aber noch ist sie entspannt.
- Beide Ohren flach zur Seite gedreht: Die Katze hat Angst und ist in Verteidigungsbereitschaft. Fauchen und das Heben einer Pfote kann dazu kommen. Die Katze warnt.

- Beide Ohren flach nach hinten gepresst: Die Katze droht. Das Gesicht ist durch die Ohrenstellung verzerrt. In solch einer Situation nutzt die Katze alle ihre Waffen.

Schwanz

- Schwanz hängt locker herunter: Hängt der Schwanz in einem großen Radius nach unten und die Schwanzspitze zeigt nach oben, ist die Katze in einer ausgeglichenen Stimmung, zufrieden und entspannt.
- Erhobener Schwanz: Bei der Begrüßung oder Umschmusung des Beins des Menschen ist eine liebevolle und freundschaftliche Geste.
- Hoch erhobener Schwanz mit umgeklappter Schwanzspitze: Eine freundliche Begrüßung mit leichter Unsicherheit.
- Hoch erhobener, zitternder Schwanz: Die Katze ist freudig erregt, wie zum Beispiel beim Markieren des „Reviers“.
- Der Schwanz sieht aus wie ein Fragezeichen: Die Katze ist gut gelaunt und voller Tatendrang.
- Schwanz leicht nach oben, in großen Radius: Die Katze ist aufmerksam und neugierig.
- Zucken der Schwanzspitze im Schlaf: Ein sicheres Zeichen, dass die Katze träumt.
- Waagerechter Schwanz mit leicht erhobener Schwanzspitze: Die Katze will in Ruhe gelassen werden, weil sie „Wichtigeres“ zu tun hat.
- Schwanz seitlich nach vorn angelegt: Entweder ist die Katze sehr verlegen oder sexuelle Erregung bei einer rolligen Kätzin.
- Gesenkter und gesträubter Schwanz: Die Katze fürchtet sich. Aus Angst kann eine Katze auch Angreifen – also bitte vorsichtig sein, denn Angst macht auch eine Katze unberechenbar.
- Schwanz ganz nach unten gesenkt oder zwischen die Hinterbeine gezogen: Diese Schwanzhaltung ist eine Unterwerfungsgeste.
- Schwanz zwischen die Hinterbeine geklemmt: Eine verängstigte Katze, die entweder von einem Tier gejagt oder von einer Gruppe ständig unterdrückt wird. Auch nach schlechten Erfahrungen kann sich eine Katze dem Menschen gegenüber so verhalten. Auch bei Krankheit oder bei Schmerzen können Katzen diese Schwanzhaltung einnehmen.

- Schwanz in einem Bogen aufwärtsgerichtet und gesträubt: Eine Defensivhaltung, bei der ein Angriff nicht ausgeschlossen ist.
- Hoch erhobener Schwanz mit senkrecht noch oben zeigender Schwanzspitze: Kann ein Ausdruck von Wut bei der Katze sein.
- Schwanz nur an der Wurzel gestreckt, hängt sonst nach unten mit zuckender Schwanzspitze: Eine Droh- und Abwehrhaltung bei leichter Erregung.
- Schwanz waagerecht ausgestreckt und gesträubt: Zeigt eine aggressive Grundstimmung mit der Bereitschaft zum Angriff an.
- Schnelles und ruckartiges Hin- und Herbewegen des Schwanzes: Signalisiert Erregung jeder Art. Es kann auch sein, dass die Katze sich in einer Zwickmühle befindet und nicht weiß, was sie tun soll. Die Bewegung des Schwanzes hilft der Katze, ihr seelisches Gleichgewicht zu bewahren.
- Hin und her peitschender Schwanz: Zeigt eine Steigerung des Erregungszustandes an. Es ist nicht auszuschließen, dass die Katze zum Angriff übergeht.

Schnurrhaare

- Nach vorn gedreht: Interesse oder Aggression – kommt auf die Umstände, Ohr- und Körperhaltung an.
- Leicht entspannt, seitlich gedreht: Normalstellung, entspannt
- Eng nach hinten angelegt: Angst – die Katze macht so klein wie möglich.

Fell

- Aufgestellt (wie bei Gänsehaut): Verteidigungszustand
- Leicht aufgestellt (nicht wie bei Gänsehaut): Unbehagen, aber nicht genug, um die Flucht zu ergreifen.

Lautgebung

- Schnurren: Gleichmäßig vibrierendes Geräusch, das Katzen in bestimmten Situationen erzeugen. In der Regel signalisiert es Wohlbefinden, wird aber auch in Stresssituationen hervorgebracht.
- Miau: Menschen werden mit einem Miau begrüßt.
- Mau: Dient zur Identifizierung und Lokalisierung unter Katzen.
- Grunzen: Lautgebung von neugeborenen Kitten
- Wehklagen: Meist kurz bevor eine Katze erbricht oder eine Haarwurst auswürgt.
- Zwitschern: Wenn Katzen sehen, dass sie Futter oder ein Leckerchen bekommen.
- Trillern: Glückliches Geräusche, ähnlich wie zwitschern.
- Knurren: Warnung. Kann offensiv oder defensiv sein.
- Fauchen: Ist in der Regel defensiv.
- Spucken: Kommt vor oder nach dem Fauchen.
- Murmeln: Kommt oft beim Schnurren vor.
- Schreien: Bei Schmerzen oder während eines Katzenstreits.

Körperhaltung

Die Körperhaltung kann in zwei Kategorien aufgeteilt werden:

- Zunehmender Abstand
- Distanzverringerung

Nachfolgend ein paar Beispiel zur Körperhaltung der Katze, die helfen besser zu verstehen, was eine Katze mitteilen will.

- Geduckt: Abwehr. Der Schwanz liegt eng am Körper, weil die Katze dadurch kleiner erscheinen will, um einen Gegner nicht aus sich aufmerksam zu machen.
- Beine gestreckt, wobei die Hinterbeine leicht hochgehalten werden: Da die Hinterbeine der Katze länger als die Vorderbeine sind, ist diese Haltung einfach einzunehmen.
- Bauch nach oben: Die ultimative, defensive Haltung. Bei dieser Haltung kann die Katze all ihre Waffen, Krallen und Zähne, nutzen. Diese

Haltung sagt einem Gegner auch, dass, wenn er nicht angreift, er auch nicht angegriffen wird.

- Liegt eine Katze im Schlaf in dieser Position, ist das ein Zeichen totaler Entspannung. Allerdings kann das Streicheln des Bauches eine automatische Abwehrreaktion hervorrufen.
- Hin- und herrollen: Spielaufforderung, Begrüßung
- Gekrümmter Rücken mit aufgestelltem Fell: Diese Körperhaltung kann offensiv oder defensiv sein. Die Katze wird das tun, was aufgrund des Verhaltens des Gegners als Nächstes das Beste ist.

Duft-Kommunikation

Markierverhalten ist die Hauptform der Kommunikation der Katzen. Katzen markieren sichtbar, riechbar oder einen Kombination aus beidem.

Das Jacobsonsche Organ[10] hilft das Katze Gerüche, vor allem Pheromone, zu identifizieren. Flehmt eine Katze, dann analysiert sie gerade einen frisch aufgenommenen Duft.

Urinmarkieren: Je höher die Anzahl an Katzen ist, desto wahrscheinlicher ist es, es zu Urinmarkieren kommen kann (nicht muss).

Katzen nutzen Urinmarkieren um ihr Revier zu markieren, zum Drohen, um ihre Ankunft bekannt zu machen, in einem Streit – ohne dabei aufeinanderzutreffen, um Informationen auszutauschen.

Als Halter kann man Maßnahmen ergreifen, um das Urinmarkieren zu vermeiden oder zu unterbinden.

Reiben

Reiben ist ein wichtiger Faktor im kätzischen Sozialleben. Katzen verfügen über viele Talgdrüsen, die Pheromone mit Informationen über die Katze

[10] Jacobsonsches Organ – es besteht aus winzigen Einbuchtungen (Durchmesser zwischen 0,2 und 2 Millimeter) auf beiden Seiten der Nasenscheidewand. Diese schlauchartigen Einbuchtungen stehen in Verbindung zum Jacobsonschen Knorpel (Paraseptalknorpel bzw. Cartilago paraseptalis). An der Kontaktstelle zum Knorpel befindet sich ein schwellkörperartiges Venengeflecht und Muskelzellen, mit deren Unterstützung Flüssigkeit in die Schläuche gesaugt bzw. wieder herausgedrückt werden kann.
Quelle: Wikipedia

abgeben. Katzen können diesen Informationen entnehmen, ob es eine Kätzin oder ein Kater ist oder wann die Informationen hinterlassen wurden.

Die Talgdrüsen konzentrieren sich auf die Lippen, die Stirn, das Kinn, den Schwanz und die Fußballen.

Das Reiben an leblosen Objekten ist auch eine Art der Reviermarkierung. Allerdings ist das Reiben nicht nur dafür da um Geruchsmarkierungen zu hinterlassen. Durch das Reiben an Gegenständen, anderen Katzen und dem Halter sammelt und verbindet die Katze bekannte Gerüche.

Treffen zwei befreundete Katzen aufeinander, werden sie sich erst Nase an Nase abschnuppern und dann zum Po Schnüffeln übergehen. Ein ähnliches Verhalten zeigen Katzen auch bei ihrem Halter, wenn sie ihn erst beschnuppern und ihm dann ihr Hinterteil hinhalten. Für den Halter ist es im ersten Augenblick nicht so schön, aber in der Katzenetikette ist dies eine überaus freundliche Geste.

Trifft man als Mensch auf eine fremde Katze, sollte man ihr nur den Zeigefinger hinhalten. Das entspricht, dem Nase-an-Nase-Abschnuppern unter Katzen. Man sollte die Katze aber nicht falsch verstehen und versuchen sie zu streicheln, sondern man sollte sie erst mit dem Abschnuppern fertig werden lassen. Reibt sich die Katze dann am Zeigefinger, sagte sie einem, dass sie sich wohlfühlt. Jetzt kann man der Katze anbieten, sie zu streicheln.

Die Bedeutung eines Reviers

Frei lebende Katzen teilen ihr Streifgebiet in verschiedene Bereiche auf. Der äußerste Bereich, wo die Katze rumläuft und nach Futter Ausschau hält, wird als Aktionsraum (home range[11]) bezeichnet. Der Aktionsraum einer Katze kann mit den Aktionsräumen anderer Katzen überlappen.

---

[11] Home range is the area in which an animal lives and travels. It is closely related to, but not identical with, the concept of "territory" which is the area that is actively defended.
Quelle: Wikipedia

Erwachsene Kater haben in der Regel einen weitaus größeren Aktionsraums als Kätzinnen. Während der Balzzeit vergrößert sich der Aktionsraum eines intakten Katers vorübergehend.

Im Aktionsraum wird eine Katze eher vor einem Gegner fliehen, als dass sie es auf einen Kampf ankommen lässt.

Innerhalb des Aktionsraums liegt das eigentliche Territorium einer Katze. Die Katze wird ihr Territorium gegen Eindringlinge verteidigen.

Aktionsraum und Territorium sind zwei getrennte Bereiche für eine Katze. Bei Hauskatzen sind Aktionsraum und Territorium um ein vielfaches kleiner. Aber auch eine Hauskatze unterteilt ihr Streifgebiet. Es kann allerdings vorkommen, dass beide Bereiche überlappen oder sogar identisch sind – aufgrund des Platzes in Haus oder Wohnung.

Der innerste Bereich des Territoriums ist der persönliche Raum der Katze. Wie auch bei uns Menschen gibt es bei jeder Katze Unterschiede. Die eine braucht viel persönlichen Raum, die andere relativ wenig.

Katzen sind Experten, wenn es um Timesharing des Territoriums geht. Das ist ein Hauptgrund, warum mehrere Katzen auf wenig Platz miteinander auskommen können.

Als Halter kann man ab und an vielleicht beobachten, dass eine der Katzen auf einem bestimmten Platz liegt und schläft und zu einem späteren Zeitpunkt eine andere Katze auf dem gleichen Platz liegt. Das ist kein Zufall, sondern der Balanceakt der Katzen sich nicht zu begegnen. Aber dann gibt es immer wieder mal eine Katze, die außerhalb des Zeitplans auf einen bestimmten Platz möchte. Da kann es dann schon mal zu Streitigkeiten kommen.

Wenn man sich als Halter solch einen ausgeklügelten Zeitplan vors Auge führt, kann man wahrscheinlich etwas besser nachvollziehen, warum Katzen es schlimm finden, wenn Möbel umgestellt oder ganz entfernt werden oder, wenn eine neue Katze einzieht oder man in ein neues Zuhause umzieht.

Ebenen im Territorium sind für Katzen sehr wichtig. Ohne Ebenen gibt es keine Rangordnung und damit kann es häufiger zu Problemen zwischen den Katzen kommen.

Eine eingerichtete Wohnung bietet Katzen mehrere Ebenen, auf denen sie sich bewegen können. Jedes Möbelstück, z. B. ein Stuhl mit Armlehnen, bietet mindestens eine weitere Ebene zusätzlich zum Fußboden an. Ein Stuhl mit Armlehnen kann bis zu drei zusätzliche Ebenen bieten – Sitzfläche, Armlehnen und die Rückenlehne.

In der Regel wird der Halter höherrangige Katzen häufiger auf den höheren Ebenen sehen, als Katzen, die im Rang niedriger sind.

Um in einer Wohnung mehr Platz für Katzen anbieten zu können, kann man als Katzenhalter „hochbauen". Jeder Kratzbaum, der bis unter die Decke geht, oder jedes Regal, das an der Wand hängt, schafft Raum und Platz für Katzen. Vor allem Katzenhalter, die mehrere Katzen haben, sollten dieses Hochbauen nicht unterschätzen.

Die Katzen haben an das vertikale Territorium Ansprüche wie sicherer Platz, bequem, einfach zu erreichen bzw. einfach zu verlassen und an den richtigen Stellen platziert.

Der schnellste und einfachste Weg mehrere zusätzliche Ebenen zu schaffen ist ein Kratzbaum. Kratzbäume gibt es in den unterschiedlichsten Ausführungen und Formen und auch die Preise variieren sehr stark. Im Internet findet man viele Anbieter von Fertigkratzbäumen, aber es gibt inzwischen auch Anbieter, die einen Kratzbaum nach Kundenwunsch bauen.

Vor der Anschaffung eines Kratzbaums sollte man sich als Halter einige Gedanken machen, welcher Kratzbaum der Beste für die eigenen Katzen ist. Das fängt bei den Liegeflächen an – mit Teddystoff oder Teppich – und geht bis zu den Kratzsäulen – Natur oder mit Sisal.

Sehr gut geeignet sind Kratzbäume, die über mehrere Ebenen und vielleicht auch die eine oder andere Höhle als Rückzugsmöglichkeit verfügen. So ein Kratzbaum bietet auch Katzen, die selten miteinander zu sehen sind, die

Möglichkeit sich auf unterschiedlichen Ebenen auf dem Kratzbaum aufzuhalten.

Je höher ein Kratzbaum ist, desto breiter und schwerer sollte der Fuß des Kratzbaums sein, denn der Kratzbaum muss das Klettern und Springen der Katzen aushalten, ohne zu schwanken oder umzufallen. Das könnte sonst dazu führen, dass die Katzen diesen unsicher stehenden Kratzbaum meiden.

Hat man sich für einen Kratzbaum oder auch mehrere entschieden, muss man sich Gedanken machen, wo ein Kratzbaum am besten platziert werden sollte. Eine hintere Ecke in einem Raum oder außerhalb der Sicht ist die falsche Stelle. Denn unsere Katzen sind gern dort wo wir uns aufhalten und sie nutzen einen Kratzbaum auch gern als Aussichtsplatzform. In der Nähe eines Fensters, wo die Katzen viel beobachten kann, ist besser geeignet als eine Ecke des Raums, die selten ins Auge fällt.

Ist ein Raum vielleicht zu klein, um einen Kratzbaum aufzustellen, kann auch mit Hilfe von Fensterplätzen weitere Ebenen geschaffen werden. Es gibt verschiedene Möglichkeiten die vorhandenen Fensterbänke durch Auflagen für die Katzen „aufzuwerten“ und gemütlicher zu machen. Vor dem Kauf einer Fensterbrettliege sollte man sich bewusst machen, was der eigenen Katzen am liebsten sein könnte – Material, Beheizungsmöglichkeit etc. Ein Vorteil von Fensterbrettliegen ist es, dass sie schnell montiert sind und auch einfach an anderer Stelle angebracht werden können.

Versteckmöglichkeiten sollten auch innerhalb der Wohnung gut verteilt sein. Katzen ziehen sich gern mal zurück. Ob es zum Schlafen ist oder, ob es aus Angst vor einer anderen Katze ist.

Die Versteckmöglichkeiten sollten so platziert sein, dass die Katze sicher sein kann, dass sich von hinten niemand „anschleichen“ kann.

Katzentunnel sind eine gute Möglichkeit ängstlichen Katzen etwas Sicherheit zu geben. Man kann einen Katzentunnel durch einen Raum legen, damit eine ängstlichere Katze nicht offen durch den Raum laufen muss. Tunnel können neben Fluchtweg, aber auch eine gute Spielmöglichkeit bieten.

Ein weiterer wichtiger Punkt im Thema Territorium ist das Aufstellen von Katzentoiletten. Die Anzahl der Katzentoilette errechnet sich schnell aus folgender Formel: Anzahl der Katzen + 1 = Anzahl der benötigten Katzentoiletten.

Als Halter sollte man aber nicht den Fehler machen und alle Katzentoiletten an einen Ort nebeneinanderzustellen. Denn die Katzen nehmen diese Katzentoiletten als nur eine einzige wahr. Ein Abstand von mehr als 90 Zentimeter zwischen den einzelnen Katzentoiletten ist notwendig, damit die Katzen jede einzelne Katzentoilette als einen anderen Ort wahrnehmen und nutzen.

Neuzugänge

Gerade, weil Katzen sozial und territorial sind, braucht es bei einer Zusammenführung von Katzen neben Fingerspitzengefühl, viel Geduld und auch „Bestechung".

Die Zeit und Arbeit, die ein Halter bei der Zusammenführung von Katzen leistet, ist nur ein geringer Aufwand, wenn die Zusammenführung gut klappt und die Katzen friedlich zusammenleben und vielleicht sogar sehr enge Bindungen zueinander aufbauen.

Sicher gibt es Katzenhalter, die einfach die Katzen zusammenstecken und die Katzen unter sich die Zusammenführung klären lassen. Aus meiner Sicht ist das keine gute Vorgehensweise und kommt bei den Katzen in den seltensten Fällen gut an.

Anders als Hunde sind Katzen keine Rudeltiere und das Aufnehmen einer neuen Katzen ist nicht mit einem Fingerschnippen erledigt.

Nicht jeder Katzenhalter plant eine Zusammenführung im Voraus und so passiert es immer wieder, dass Katzenhalter spätestens, wenn die ersten Fellbüschel durch die Gegend fliegen, dass sie eigentlich nur noch Schadensbegrenzung machen können.

Es ist auch egal, ob es die zweite Katze ist, die einzieht oder die x. Katze. Es gibt keine Abkürzung bei einer Zusammenführung. Macht man es aber von Anfang an richtig, erspart man sich und den Katzen viel Kummer.

Bevor man als Halter sich entschließt eine weitere Katze aufzunehmen, sollte man sich ein paar Gedanken machen.

Gedanken wie:

- Ist eine weitere Katze ein Vorteil oder ein Nachteil für die bestehende Katzengruppe?
- Werden alle Katzen ausreichend Territorium haben?
- Hat man ausreichend Zeit für eine Zusammenführung?

Auch sollte man sich nicht in irgendeiner Situation, z. B. ein Katzennotfall, dazu hinreißen lassen eine weitere Katze einfach so aufzunehmen.

Hat man als Halter mit seiner bestehenden Katzengruppe schon ein Unsauberkeitsproblem, wird eine weitere Katze dieses Problem nicht lösen, sondern im Gegenteil verstärken. Ein Unsauberkeitsproblem sollte vor der Aufnahme einer weiteren Katze erst gelöst werden.

Zieht eine Katze neu ein, sollte der Katzenhalter ihr einen Raum zur Verfügung stellen, der ihr Sicherheit und Zuflucht bietet. Der Raum muss nicht groß sein, sollte aber eine Tür haben, die geschlossen werden kann. Auf diese Weise kann die neue Katze erst einmal „ankommen“ und muss sich nicht gleich mit der bereits vorhandenen Katzengruppe auseinandersetzen bzw. die Katzengruppe wird nicht sofort mit dem „Eindringling“ konfrontiert.

Ist es ein Kitten, das einzieht, ist wichtig, dass es erst einmal langsam seine neue Umgebung kennenlernen kann. Ein Kitten wird sich nicht sofort merken, wo die Katzentoilette steht oder wo die Futterstelle ist.

Der Raum bietet auch die beste Möglichkeit, um Kontakt zwischen Katze und Halter herzustellen. Denn die neu eingezogene Katze kennt ihren Halter noch nicht und braucht eine gewisse Sicherheit, dass der Halter keine Gefahr für sie ist.

Wenn man den Raum herrichtet, ist das Wichtigste, dass der Raum nicht leer sein darf. Für eine Katze ist nichts beängstigender als keinerlei Versteckmöglichkeit zu haben. Man sollte auch darauf achten, dass keine Kabel frei zugänglich sind oder andere Katzengefahren im Raum zu finden sind.

Kartons sind ideal als Versteckmöglichkeit. Einfach ein paar Kartons an verschiedenen Stellen platzieren und die Katze wird die Verstecke nutzen. Am besten sollte man ein getragenes T-Shirt in einen der Karton legen, damit die Katze den Geruch ihres Halters aufnehmen kann.

Kartons und große Papiertüten können auch für den einfachen Bau von Tunnel verwendet werden, um der Katze eine geschützte Bewegungsmöglichkeit durch den Raum zu bieten.

Futter und Wasser sollten auf jeden Fall auf der anderen Seite des Raumes stehen als die Katzentoilette.

Zu Anfang sollte die Katzentoilette ohne Haube sein, da es viele Katzen gibt, die Angst haben eine Katzentoilette zu nutzen, die eine Haube hat.

Zieht eine erwachsene Katze ein, sollte man versuchen, das ihr bekannte Katzenstreu zu verwenden und die Katze nach und nach auf das selbst verwendete Katzenstreu umzustellen.

Ein kleiner Kratzbaum oder ein Kratzbrett, am besten neu und noch nicht von den vorhandenen Katzen genutzt, hilft dem Neuzugang auch sich besser in die neue Umgebung einzufinden.

Katzenspielzeug darf auch nicht vergessen werden. Zum einen sollte es Spielzeug sein, mit dem die Katze sich alleine beschäftigen kann, wie z. B. Katzenminze- oder Baldrianspielzeug, und Spielzeug, dass der Halter gut nutzen kann, um eine Verbindung zur Katze aufzubauen, wie z. B. eine Da Bird (Feder-Katzenspielzeug an einer Angel).

Unterstützend kann auch Feliway als Stecker für die Steckdose angewendet werden.

Ein Nachtlicht ist hilfreich, wenn der Halter auch nachts in den Raum geht, dann muss kein großes Licht angemacht werden, was einer ängstlichen Katze sehr zusetzen könnte.

Die Anzahl der bereits vorhandenen Katzentoiletten muss auf jeden Fall erhöht werden, denn selbst, wenn man bisher nur eine Katze hatte, werden zwei Katzen sich nicht unbedingt eine Katzentoilette teilen. Es sollten mindestens so viele Katzentoilette in der Wohnung vorhanden sein wie Katzen, gern aber mindestens eine mehr.

Hat man bereits eine Katzengruppe, sollte man genau darauf achten, ob der Neuzugang eventuell ein Ungleichgewicht bei den Katzentoiletten auslöst.

Feliway kann auch in der restlichen Wohnung mit diversen Steckern für Steckdosen eingesetzt werden.

Vor dem Einzug des Neuzugangs sollte die Katze vom Tierarzt gründlich untersucht werden. Impfung und Entwurmung werden vom Tierarzt eventuell empfohlen. Auch Milben- oder Flohbefall sollte vor der Zusammenführung mit den eigenen Katzen behandelt werden.

Wenn der Einzugstag endlich da ist, sollte der Halter die Katze mit dem Katzenkorb in den vorbereiteten Raum stellen und die Tür des Korbes öffnen. Danach am besten erst einmal den Raum verlassen, damit der Neuzugang sich etwas orientieren kann. Futter und Wasser werden nicht oberste Priorität haben, aber die Katzentoilette kommt eventuell wie gerufen.

Wenn Sie den Raum verlassen, versuchen Sie sich Ihren Katzen gegenüber so normal wie möglich zu verhalten. Eine besonders intensive Kuschel- und Schmuseeinheit könnte bei Ihren Katzen ein größeres „Oho“ auslösen. Bevor Sie sich aber mit Ihren Katzen befassen, sollten Sie sich die Hände waschen. Die Katzen werden zwar schnell riechen, dass ein fremder Geruch an Ihnen ist, aber Sie sollten einen direkten Kontakt mit dem fremden Geruch erst einmal vermeiden.

Die Spieleinheiten mir ihren Katzen und dem Neuzugang sind sehr wichtig. Zum einen sollen Ihre Katzen nicht das Gefühl haben, dass sich etwas verändert hat und über die Spieleinheiten mit dem Neuzugang können Sie eine erste Bindung aufbauen.

Ihre Katzen werden sicher früher als später herausbekommen, dass hinter der verschlossenen Tür „etwas“ ist, und werden die Tür möglicherweise belagern. Die „Belagerung“ können Sie über eine Spieleinheit beenden und die Katze(n) von der Tür weglocken.

Während der räumlichen Trennung ist es wichtig, dass alle Katzen viele positive Momente miteinander erleben, denn sonst kann die Zusammenführung schnell schiefgehen. Denn Katzen kann man monatelang räumlich trennen, ohne, dass sie je die Chance haben sich zu mögen.

Um die Katzen bei der Zusammenführung nicht zu überfordern, sollte man immer nur einen Sinn der Katze nach dem anderen fordern. Bevor sich die Katzen sehen, werden sie sich gegenseitig hören oder riechen. Ohren und Nasen der Katzen werden also regelrecht Überstunden machen.

Eine gute Möglichkeit den Duft der Katzen auszutauschen ist mit frisch gewaschenen Handtüchern oder Sportsocken. Mit Handtuch oder Socke eine der Katzen am Gesicht etwas abrubbeln und das Handtuch/die Socke dem Neuzugang zum Beriechen hinlegen. Die erste Reaktion auf den Geruch kann schon aussagen, wie die Zusammenführung ablaufen kann. Im Gegenzug sollten Sie versuchen, den Neuzugang ebenfalls mit einem Handtuch oder eine Socke am Gesicht abzureiben. Sollten die Katze das nicht wollen, dann legen Sie einfach Handtücher/Socke in das Katzenbettchen bzw. den bevorzugten Liegeplatz der Katze und tauschen den Geruch erst in ein paar Tagen. Den Geruchstausch möglichst sollten Sie mehrfach am Tag machen.

Um den Geruchsaustausch noch mehr zu forcieren, sollten Sie, wenn umsetzbar, Ihre Katzengruppe in ein Zimmer setzen, damit der Neuzugang auf eigene Faust für eine kurze Zeit sich in der Wohnung umschauen kann. Der Neuzugang wird so auch seine Gerüche hinterlassen. Wenn Sie genug Räume haben, sollten Sie Ihre Katzengruppe nach und nach in das Zimmer des Neuzugangs lassen. Am besten die Katze(n), die am ehesten den Neuzugang freudig begrüßen wird.

Der Raumtausch sollte auch mehrmals am Tag erfolgen, aber immer nur ein paar Minuten, damit keine der Katzen überfordert wird oder es in Ihrer Katzengruppe zu Übersprungshandlungen und damit zu Kämpfen kommen kann. Der Raumtausch sollte für alle Katzen immer ein positives Ende haben – Leckerchen, Spieleinheit, Kuschelzeit.

Den besten Zeitpunkt, dass die Katzen aufeinandertreffen und sich sehen, hängt von verschiedenen Punkten ab. Als Katzenhalter kennt man seine Katzen am besten und kann gut abschätzen, wann der beste Zeitpunkt ist. Man kann dabei auch ruhig mal auf sein Bauchgefühl hören.

Lässt man die Katzen einander sehen, sollte es immer positiv für alle Katzen sein. Sie können Ihren Katzen und dem Neuzugang Leckerchen geben oder eine kurze Spieleinheit mit den Katzen machen. Dabei sollten sich die Katzen aber nicht zu nahe kommen, sondern lieber in entgegenliegenden Ecken sich befinden. Man sollte sich auch lieber auf kurze gemeinsame Zeiten einlassen, von rund 30 Sekunden, als nach einer halben Stunde die Katzen fauchend und knurrend zu haben.

Sollte man einen schüchternen und ängstlichen Neuzugang haben oder eine Katze aus der Katzengruppe reagiert sehr verängstigt, sollte man das Tempo der Zusammenführung reduzieren. Wichtig ist, dass man den Katzen das Tempo bei der Zusammenführung überlässt, denn mit Zwang und Druck erreichen wir genau das Gegenteil.

Die eigentliche Zusammenführung kann durchaus ein paar Tage dauern. Man darf aber auch nicht aufgeben, sollte es ein paar Wochen dauern oder länger dauern als bei Freunden und Bekannten. Jede Zusammenführung von Katzen ist eine einzigartige Situation.

Spielen!

Um zu verstehen, wie Katzen spielen, muss man verstehen, wie Katzen jagen. Katzen sind Kurzstreckenläufer und würde sich nicht auf eine lange Jagd einlassen.

Meine Katze und ich

Ein guter Jäger verlässt sich nicht auf Glück, sondern auf Planung, Geschwindigkeit und Zielsicherheit.

Eine Katze jagt, in dem sie die Umgebung auskundschaftet und wachsam auf jedes Geräusch, jeden Geruch und jede Bewegung reagiert.

Hat eine Katze ihre Beute entdeckt, wird sie sich Zentimeter um Zentimeter vorarbeiten. Sie nutzt alles zur Deckung, was vorhanden ist, Bäume, Sträucher, Steine. Körper und Kopf nah am Boden, Schnurrhaare und Ohren nach vorn auf die Beute ausgerichtet. Ist die Katze nah genug an der nichts ahnenden Beute, wird sie blitzschnell zupacken. Wenn die Katzen gut gezielt hat, wird sie die Beute mit einem Biss ins Genick töten.

Um eine Katze zum Spielen zu animieren, sollte das Spielen ähnlich einer Jagd sein. Die Katze sollte wie bei der Jagd physisch und psychisch gefordert werden.

Um herauszufinden, welche Art von Bewegung die Katze reizt, kann man als Halter seine eigene Katze beobachten, wie sie Fliegen oder Ähnliches jagt und fängt. Oder man kann sich die eine oder andere Dokumentation zu großen Raubkatzen anschauen, um ein besseres Verständnis zu bekommen.

Es gibt zwei Arten von Spiel: objektbezogenes Spielen und soziales Spielen. Beim objektbezogenen Spielen spielt die Katze mit einem Spielzeug. Beim sozialen Spielen spielt die Katze mit einem Artgenossen oder einem anderen Tier.

Als Halter können wir beim objektbezogenen Spiel mitspielen. Wir sind es dann, die interaktiv reagieren, in dem wir das Katzenspielzeug, z. B. eine Federangel, wie der Da Bird oder den Cat Catcher, bewegen. Aber unsere Katzen spielen auch durchaus mal allein mit einem Spielzeug.

Spielen wir mit unseren Katzen, sollten wir darauf achten, es auch richtig zu tun. Der eine oder andere wird jetzt bestimmt denken, beim Spielen kann man doch gar nichts falsch machen. Leider doch.

Falsches Spielen kann zu einer desinteressierten, überreizten oder frustrierten Katze führen. Richtiges Spielen macht nicht nur Spaß, sondern kann auch helfen, Verhaltensauffälligkeiten zu korrigieren.

Meine Katze und ich

Interaktives Spielen mit der Katze kann auf zwei Arten genutzt werden. Zum einen eine regelmäßige tägliche Spieleinheit, die sowohl Spaß für die Katze(n) als auch den Halter bringt. Zum anderen zum Arbeiten an Verhaltensauffälligkeiten, die unmittelbar in Angriff genommen werden können.

Die tägliche Spieleinheit hilft auch schon, um möglichen Problemen in der Katzengruppe entgegen zu steuern. Denn die Spieleinheit verhindert Langeweile, bekämpft Depressionen und vermindert Stress. Und auch als Halter kann man gut mit der Spieleinheit seinen eigenen Stress abbauen.

Ein Grund, warum man verschiedene Spielzeuge für die Katzen haben sollte, ist, dass die Katze bei ihrer Jagd draußen auch nie weiß, welche Beute sie kriegen wird. Die Katze jagt hinter einer Maus ganz anders her als hinter einer Spinne oder einem Grashüpfer. Also immer nur ein Spielzeug zu haben, wird für die Katze auf Dauer langweilig, auch, wenn vielen Katzen ein Lieblingsspielzeug haben.

Wichtig ist, dass das Katzenspielzeug nach der Spieleinheit nicht einfach rum liegt. Eine Katzenangel ist zwar schön zum Spielen, kann aber aufgrund des Fadens/Bandes Gefahren in sich bergen. Also am besten das Spielzeug immer gut wegräumen. Eine Spielmaus oder ein Papierball kann aber ruhig mal liegen bleiben.

Vor der Spieleinheit sollten wir uns als Halter mal umschauen, ob der Platz zum Spielen sich auch zum Spielen eignet. Eine Katze jagt in dem sie sich versteckt, ran schleicht und ihre Beute dann fängt. Gibt es also Versteckmöglichkeiten für die Katze? Falls man eine große Freifläche hat, kann man mit ein paar Kartons schnell Versteckmöglichkeiten schaffen.

Wollen Sie nur mit einer Katze aus der Gruppe spielen wollen, sollten Sie das in einem anderen Raum tun oder die anderen Katzen der Gruppe irgendwie beschäftigen.

Als Halter versucht man die Katzen oft damit zum Spielen zu animieren, in dem der Katze das Spielzeug vor die Nase hält oder sogar auf die Katze zu wirft. Da sich Beutetiere aber bestimmt nicht auf die Katze zu bewegen, ist das der falsche Ansatz. Das Spielzeug sollte sich wie ein Beutetier verhalten.

Das Spielzeug sollte sich also von einem Versteck ins nächste bewegen und dort auch mal für ein paar Momente verweilen und sich dann wieder etwas bewegen. Allein die Geräusche, die ein Spielzeug beim Ziehen über den Boden macht, kann das Interesse der Katze vergrößern.

Die Katze sollte beim Spiel regelmäßig zu einem Jagderfolg kommen, sonst verliert sie das Interesse. Denn geht die Katze draußen auf Beutejagd, jagt sie auch nicht stundenlang hinter der Beute her, sondern geht lieber, wenn sie feststellt, dass sie nicht zum Erfolg kommen kann bzw. geht auf die Suche nach einer anderen Beute.

Beendet der Halter die Spieleinheit, sollte sichergestellt sein, dass die Katze es mitbekommt, es richtig versteht. Das Spiel sollte zum Ende der Spieleinheit ruhiger werden und die Katze sollte einen letzten Jagderfolg haben. Bricht man als Halter das Spiel plötzlich, ist die Katze noch voll im Spiel- bzw. Jagddrang, kann sie sich nicht einfach entspannen. Die Spannung muss abgebaut werden.

Wollen Sie mit all Ihren Katzen spielen, müssen ein paar Punkte beachtet werden. Gruppenspielen ist eine gute Möglichkeit zurückhaltenden Katzen etwas Selbstvertrauen zu geben. Wichtig ist aber, dass andere Katzen aus der Gruppe dieses Spielen nicht zunichtemachen, weil sie permanent spielen und die zurückhaltende, schüchterne Katze nicht mitspielen lassen.

Am besten nehmen Sie ein Spielzeug, das Sie mehrfach haben. So können Sie mit beiden Händen die Spielzeuge gleichzeitig bewegen. Sie sollten darauf achten, dass nicht mehrere Katzen sich auf eins der Spielzeuge konzentrieren. Es kann sonst zu Kämpfen kommen.

Interaktives Spielzeug eignet sich auch, um eine bevorstehende Stresssituation schnell zu entzerren. Wenn Sie eine Katze haben, die die andere(n) Katze(n) gern mal anspringt, wenn diese nicht damit rechnet oder abgelenkt ist, weil sie z. B. am Fenster sitzt, können Sie die Angreiferkatze mit einem Da Bird ablenken und vermeiden so, dass es zu einem Aufruhr kommt. Wenn Sie bisher die Angreiferkatze mit Nein, lass das etc. versucht haben von ihrem Plan abzubringen, werden sie auch das „Opfer“ damit irritiert haben.

Fütterung

Die Fütterung kann ein wirksames Mittel sein, wenn man versucht Katzen einander näher zu bringen. Aber bei Katzen, die unterschiedlich gefüttert werden müssen und unterschiedliche Vorlieben haben, kann die Fütterung zur Herausforderung werden.

Katzen haben manchmal eine Vorliebe für eine bestimmte Art von Futterschüssel. Auch, wenn es einem als Halter nicht ganz so ausschlaggebend ist, worin man Futter und Wasser zur Verfügung stellt, aber für unsere Katzen schon.

Plastikschüsseln werden sehr häufig als Futternapf angeboten. Allerdings hat Plastik den Nachteil, dass sie den Geruch vorherigen Futters trotz Reinigung behalten können und manche Katze wird ihr Futter deswegen verweigern. Ein weiterer Nachteil von Plastik ist, dass es schnell zerkratzt und in diesen Kratzern können sich Bakterien festsetzen. Aufgrund dieser Bakterien gibt es Katzen, die so etwas wie Katzenakne entwickeln, wenn sie immer aus den gleichen Näpfen fressen. Plastiknäpfe sind auch relativ leicht zu bewegen und die Katzen könnten den Napf durch die Gegend schieben, um noch an den letzten Futterkrümmel zu gelangen.

Edelstahlnäpfe sind eine weitere Möglichkeit. Diese Näpfe sind fast unzerstörbar und lassen sich einfach reinigen und sauber halten. Allerdings gibt es Katzen, denen Futter aus Edelstahlnäpfen einfach nicht schmeckt.

Auch Keramiknäpfe sind eine Möglichkeit. Bei Keramiknäpfen sollte man aber darauf achten, dass die Lasur ohne Blei ist. Tiernäpfe sollten generell bleifrei sein, was aber leider nicht immer gegeben ist. Auch sollte man als Halter beim Kauf darauf achten, dass die Oberfläche durchgängig glatt ist. Unebenheiten könnten für die Katzenzunge unangenehm sein. Man sollte auch keine Keramiknäpfe mehr verwenden, die bereits irgendwo beschädigt sind. Die Katzen könnten sich an der Zunge oder am Mäulchen verletzen.

Glasfutternäpfe stehen ebenfalls zur Auswahl. Bei Glasnäpfen sollte man genau wie bei Keramiknäpfen darauf achten, dass es keine Beschädigungen gibt.

Meine Katze und ich

Egal, wie viele Katzen man hat, an Futternäpfen sollte man nicht sparen. Also keine alten Margarinetöpfchen oder Papierteller für die Fütterung verwenden. Auch sollte man als Katzenhalter sich gegen Doppelnäpfe entscheiden, denn Futterkrümmel gelangen so schnell ins Wasser. „Verschmutztes“ Wasser trinken die wenigsten Katzen. Auch gibt es viele Katzen, die Futter und Wasser nicht in unmittelbarer Nähe zueinander mögen. Denn hat die Katze Durst, will sie nicht unbedingt den Futtergeruch in die Nase kriegen.

Neben der Materialwahl für den Futternapf spielt auch die Form und Größe des Futternapfs für jede Katze eine wichtige Rolle. Es gibt Katzen, die es nicht mögen, wenn ihre Schnurrhaare an die Schüssel kommen.

Die meisten Katzen „naschen“ von Natur aus. D. h., sie fressen in vielen kleinen Portionen über den Tag verteilt. Hier bietet es sich an, dass die Katzen den ganzen Tag über Futter zur Verfügung haben. Trockenfutter eignet sich hierbei besser als Nassfutter. Denn Nassfutter wird schnell trocken und unansehnlich.

Auch, wenn sich die Katzengruppe gut versteht, sollte es nicht eine Schüssel mit Trockenfutter für alle Katzen geben, sondern an verschiedenen Stellen Schüsseln platzieren. So lassen sich auch mögliche Probleme vermeiden, sollte es mal zu „Unruhen“ in der Katzengruppe kommen.

Hat man mehrere Katzen, sollten alle Katzen zur gleichen Zeit, mit einem eignen Futternapf, an der immer gleichen Stelle gefüttert werden. Diese Routine gibt allen Katzen eine gewisse Sicherheit, denn Katzen lieben Routine.

Beim Platzieren der Futternäpfe sollte man versuchen, diese nicht direkt vor einer Wand oder in einer Ecke zu stellen. Katzen könnten beim Fressen sehr unruhig werden, weil sie von hinten leicht angreifbar sind.

Katzentoilette

Probleme mit der Katzentoilette können in jedem Katzenhaushalt auftreten, egal, wie viele Katzen man hat. Die Chance, dass es Problem gibt, steigt mit jeder Katze, die in die Katzengruppe kommt.

Wenn man bereits eine Katzengruppe hat, wird der eine oder andere Halter schon mit diesem Problem konfrontiert worden sein – oder es aber noch werden.

Viele Halter gehen einfach davon aus, dass die Katzentoilette nur die Katzenform eines Badezimmers ist, und sind der Meinung, dass es ausreicht, wenn die Katzentoilette sauber gehalten wird.

Es wär schön, wenn dies so wär. Aber die Bindung der Katze zur Katzentoilette ist viel komplexer und emotionaler. Und je mehr Katzen sich eine Katzentoilette teilen, desto sensibler kann die Beziehung werden.

Jeder, der mehr als eine Katze hat, sollte sich bewusst sein, dass jede Katze eine eigne Katzentoilette benötigt – als Minimum (Formel für die Anzahl der benötigten Katzentoiletten: Anzahl der Katzen + 1 = Anzahl der benötigten Katzentoiletten). Der eine oder andere Katzenhalter mit mehreren Katzen wird jetzt vielleicht den Kopf schütteln und sich denken, dass seine Katzengruppe ohne Probleme sich eine oder ein paar mehr Katzentoiletten teilt. Aber je mehr Katzen man hat, desto höher ist die Wahrscheinlichkeit, dass es zu Unsauberkeiten außerhalb der Katzentoilette kommt.

Die Vorstellung x Katzentoiletten täglich nach Urin und Kot abzusuchen und diese x Katzentoiletten regelmäßig sauber zu machen und mit frischem Katzenstreu zu versehen ist sicher nicht unbedingt erbaulich. Aber lieber die x Katzentoiletten gut sauber halten, als dass man einen verlegten Teppich oder Laminat ersetzen muss.

Völlig egal, wie viele Katzen man hat, es ist wichtig, dass man die Katzentoilette(n) sauber hält. Der Geruch einer bereits mehrfach genutzten Katzentoilette kann so ziemlich jede Katze davon abhalten, diese zu benutzen. Daher sollte man mindestens zweimal am Tag die

Katzentoilette(n) kontrollieren und Urin und Kot herausnehmen. Ansonsten könnten Sie demnächst Kot und/oder Urin auf einem Teppich finden.

Man sollte eine Katzentoilette bevor sie mit frischem Katzenstreu gefüllt wird, gründlich schrubben. Denn Urin und Kotreste können sich durchaus in der Katzentoilette befinden und anfangen unangenehm zu riechen, wenn sie nicht entfernt werden. Und unangenehmer Geruch ist weder unsere Katzen noch uns Halter angenehm.

Es gibt verschiedene Arten von Katzentoiletten.

Katzentoilette mit Haube

Eine Katzentoilette mit Haube hat sich in vielen Einzelkatzenhaushalten bewährt, die aber durchaus bei einem Mehrkatzenhaushalt Auslöser für Probleme sein.

Nachteile von Katzentoiletten mit Haube:

- Eine Haubentoilette hält den Urin- und Kotgeruch in der Katzentoilette. Uns Halter sagt das zu, aber unseren Katzen so gar nicht.
- Auch wird abgesetzter Urin nicht so schnell abtrocknen.
- Für das tägliche Reinigen der Katzentoilette muss jedes Mal die Haube abgenommen werden.
- Macht man die Katzentoilette komplett sauber, muss natürlich nicht nur das Unterteil gereinigt werden, sondern auch die Haube.
- Wir müssen uns als Halter auch mal vorstellen, wie es für unsere Katze(n) sein muss, wenn sie in einen dunklen und muffeligen Raum geht, um Urin und/oder Kot abzusetzen.
- Die Haube bietet einer Katze auch keine Fluchtmöglichkeit, sollte sie von einer anderen Katze auf der Katzentoilette bedrängt werden.

Manche Katzenhalter nehmen gar nicht herkömmliche Katzentoiletten wie es sie im Einzelhandel oder in Onlineshops gibt, sondern sie nehmen große Aufbewahrungsboxen aus Kunststoff. Die Boxen sind in der Regel schön hoch und haben oben einen Deckel, den man einfach weglassen kann. In eine der schmalen Seiten wird ein u-förmiger Einstieg geschnitten, damit die Katze einfach rein und raus kommt. Die Wände sind so hoch, dass es den meisten Katzen unmöglich sein wird, das Katzenstreu rauszuschmeißen oder über den Rand zu pieseln.

Dadurch, dass diese Aufbewahrungsboxen in der Regel aus leicht milchigem Plastik bestehen, kann die Katzen, wenn sie in der Box ist, sehen, wenn sich eine andere Katze der Katzentoilette nähert, und trifft nicht unvorbereitet auf die andere Katze bzw. kann auch über einen der Ränder rausspringen.

Selbstreinigende Katzentoilette

Es gibt ein paar Modelle davon auf dem Markt. Diese selbstreinigenden Katzentoiletten sind mit einem Motor versehen, der regelmäßig das Katzenstreu bewegt und Urin und Kot entfernen soll bzw. in eine dafür vorgesehene Kammer schiebt.

Nachteil einer Katzentoilette dieser Art ist allerdings, dass der Motor möglicherweise genau dann aktiv wird, wenn Ihre Katze die Katzentoilette benutzen will. Auch ist der Motor oftmals relativ laut, so, dass die Katze eher Abstand von der Katzentoilette nimmt.

Katzenstreu ist auch kein einfaches Thema für einen Katzenhalter. Ist man in der glücklichen Position, dass alle Katzen aus der Gruppe das gleiche Streu mögen und nutzen, braucht man sich keine Gedanken zu machen. Aber unsere Katzen können auch nach langem Gebrauch eines Katzenstreu eine Abneigung dagegen entwickeln und dann muss ein Neues für alle Katzen passendes Katzenstreu her.

Auch sollte man als Halter nicht von jetzt auf gleich das Katzenstreu oder die Streuart wechseln. Unsere Katzen sind Routinetiere und der Wechsel zu einem anderen Streu kann zu Unsauberkeiten führen.

Will oder muss man das Katzenstreu wechseln, sollte man dies in mehreren Schritten tun. Das neue Katzenstreu mit dem bisherigen Streu mischen und nach und nach das alte Streu „auslaufen“ lassen.

Nach dem „richtigen“ Katzenstreu ist auch die Menge des Streu in der

Katzentoilette von Bedeutung. Es gibt Katzen, die erst einmal ganz viel graben, und scharren bevor sie sich überhaupt in die Position begeben um sich zu erleichtern. Andere Katzen sind mit einer geringen Menge an Katzenstreu zufrieden. Es muss aber immer so viele Katzenstreu in der Katzentoilette sein, dass die Katze nicht unbedingt schon am Boden kratzt und da mit durchgelaufenem Urin in Berührung kommt. Zu voll sollte das Katzenstreu aber auch nicht eingefüllt werden, weil es sonst schwierig wird, Urin und Kot zu finden und rauszunehmen.

Auch nicht unwichtig ist die Wahl des richtigen Platzes für die Katzentoilette(n). Eins, was fast jeder Katzenhalter weiß ist, dass die Katzentoilette nie in der Nähe von Futter und Wasser stehen sollte. Denn Katzen fressen nicht dort, wo sie auf die Toilette gehen. Wir essen auch selten im Badezimmer.

Die Katzentoilette sollte auch möglichst nicht neben der Waschmaschine stehen oder in einem Durchgangsbereich. Denn die Katze würde so keine Ruhe haben auf die Katzentoilette zu gehen. Auch wir sitzen nicht gern im Durchgangsverkehr 😃.

Hat man mehrere Katzen, braucht man nicht nur mehrere Katzentoiletten, sondern auch mehrere Orte für die Katzentoiletten. Natürlich könnte man es sich als Halter leicht machen und alle Katzentoiletten nebeneinander platzieren, aber damit ist ein Unsauberkeitsproblem praktisch vorprogrammiert. Denn stehen mehrere Katzentoiletten weniger als 90 cm auseinander, werden die Katzen diese als nur EINE wahrnehmen.

Wie in Die kätzische Rangordnung verstehen und Die Bedeutung eines Reviers beschrieben, kann es zu Problemen bei der Nutzung der Katzentoilette geben, wenn z. B. eine Katze den Katzentoilettenraum für sich beansprucht. Daher sollte man die Katzentoiletten gut verteilt in der Wohnung platzieren, damit wirklich jede Katze die Möglichkeit zur Nutzung hat.

Sowohl selbstsicheren als auch unsicheren Katzen markieren mit Urin. Es hat nicht nur was mit Reviermarkierung zu tun, sondern Urinmarkieren gehört zur Duftkommunikation bei Katzen.

Kratzverhalten

Es ist sehr wichtig, dass ein Katzenhalter das Kratzverhalten der Katze versteht und auch weiß, was er der Katzen zur Verfügung stellen muss. Versteht der Halter es nicht, werden nicht nur Möbel und Wände, sondern auch das Verhältnis zur Katze darunter leiden.

Kratz-Grundlagen

Oft nimmt man an, dass die Katze nur kratzt, um ihre Krallen zu schärfen. Das Schärfen ist nur ein geringer Teil des Kratzverhaltens.

Markieren

Wie Sie bisher gelesen haben, sind Katzen Meister der Kommunikation. Katzen nutzen so gut, wie alles was sie tun, um zu kommunizieren.

Kratzt die Katze an etwas, dann dient das Kratzen der Markierung. Die Kratzspuren sind sichtbare Markierungen. Diese Markierungen zeigen einer anderen Katze, dass sie sich im Territorium einer anderen Katze befindet. Neben den sichtbaren Kratzspuren hinterlässt die Katze auch eine Duftspur an dem gekratzten Gegenstand.

Gefühle und Verdrängung

Kratzen ist eine Möglichkeit für Katzen ihre Gefühle, wie Aufregung, Freude, auszudrücken.

Auch Frust und andere Arten von Stress versucht die Katze, mit Kratzen abzubauen.

Dehnung und Kräftigung

Nicht zuletzt bietet das Kratzen der Katze auch eine gute Möglichkeit, sich zu dehnen und zu strecken.

Meine Katze und ich

Die Katze hat eine sehr bewegliche Wirbelsäule. Sie kann sich ganz klein zusammenkuscheln. Wie gut muss es da tun, sich am Kratzbaum oder einer Kratzecke zu dehnen und zu strecken.

Oftmals wird eine Katze direkt, nachdem sie geschlafen hat, sich am Kratzbaum oder einer Kratzecke strecken und kräftig kratzen.

Arten von Kratzmöglichkeiten

Katzen kratzen senkrecht, aber auch waagerecht. Viele Katzen bevorzugen, senkrecht an einem Kratzbaum oder einer Kratzecke zu kratzen. Aber es gibt auch Katzen, die mögen es vielmehr waagerecht zu kratzen. Kitten machen in der Regel beides gern, da sie noch austesten, was ihnen besser liegt.

Die beste Kratzmöglichkeit, die man als Halter seiner Katze bieten kann, ist ein Kratzbaum mit Sisal. Kratzbäume mit Teppich sind weniger gut. Die meisten Katzen werden diese Kratzbäume schnell ignorieren.

Wenn die eigene(n) Katze(e) Möbel zum Kratzen bevorzugt, hat man definitiv den falschen Kratzbaum gekauft.

So ein Kratzbaum sollte aber nicht nur mit Sisal umwickelt sein, er sollte auch hoch sein und vor allem sicher und stabil stehen. Katze werden einen wackligen Kratzbaum meiden.

Waagerechte Kratzmöglichkeiten können kleine Sisalteppiche sein oder auch Kratzmöglichkeiten aus Pappe ist ein großer Renner bei Katzen. Im Fachhandel gibt es Kratzmöglichkeiten in allen Formen und Größen.

Wenn man eine größere Katzengruppe hat, reichen ein oder zwei Kratzmöglichkeiten definitiv nicht aus. Denn es wird Katzen in der Gruppe geben, die ihre Kratzmöglichkeit nicht mit den anderen teilen wollen oder sich an die Kratzmöglichkeiten nicht trauen, weil sie sich im Revier einer Mitkatze befinden.

Um die richtige Wahl für den Standort einer Kratzmöglichkeit zu treffen, sollte man folgende Dinge beachten:

- Stellen, an denen bereits gekratzt wurde, obwohl es keine Kratzmöglichkeit ist.

- Die einzelnen Katzenterritorien der Katzengruppe nicht vergessen.
- Stellen, an denen es den Katzen Spaß macht zu kratzen.
- Ein Kratzbaum sollte nicht in der hintersten Ecke des Wohnzimmers stehen, nur weil der dort am wenigsten stört.

Eine Katze wird sich für Möbel zum Kratzen entscheiden, weil

- diese an ihren Laufwegen durch die Wohnung stehen.
- Couch und Sessel das „richtige" Material bieten.
- die Möbel aus Sicht der Katze genau an der richtigen Stelle stehen.

Um eine Katze vom Kratzen an Möbeln abzubringen, muss man ihr als Halter eine bessere Alternative anbieten.

Aggression

Aggression gegen Mitkatzen oder den Halter ist beängstigend. Aggression unter Katzen ist schon schlimm, aber es wird noch schlimmer, wenn sich Katzen plötzlich gegen den Halter wenden. Katzenbisse sind nicht ohne und Aggression ist ein Problem, dass richtig diagnostiziert werden muss, um das Problem richtig zu beheben.

Kätzische Aggression ist eine völlig normale Reaktion auf eine bedrohliche Situation in der tierischen Welt. Während man als Halter dieses Verhalten nicht im Haus sehen möchte, darf man nicht vergessen, dass es eine normale Reaktion ist.

Frei lebende Katzen kämpfen wegen Territorien, Weibchen/Männchen, um ihr Schlupfwinkel zu verteidigen und um ihren Rang in der kätzischen Rangordnung in einer Gruppe. Auch die Jagd nach Futter erfordert ein gewisses Maß an Aggression. Für Kitten ist aggressives Verhalten eine Form der Kommunikation und nicht ein Versuch, um gemein oder boshaft zu sein. Um das Problem zu lösen, muss man versuchen zu verstehen, was die Katzen damit sagen will.

Bei Tieren kann Aggression offensiv oder defensiv sein. Aber Katzen werden in den meisten Fällen versuchen einen Konflikt zu vermeiden. Das ist ein

Grund, warum Katzen so eine große Palette an Körperhaltungen und Stimmgebung haben.

Verbreitetes aggressives Verhalten unter Katzen ist meist nur „posieren“.

Offensive kätzische Aggression zeigt sich, wenn eine Katze sich der potenziellen Bedrohung nähert und die Distanz immer weiter verkürzt. Der Gegner nimmt in dieser Situation eine einschüchternde Körperhaltung ein. Die defensive Katze wird versuchen wieder mehr Distanz zwischen sich und die andere Katze zu bringen und versucht einen Kampf zu vermeiden.

Miteinander vertraute Katzen durchleben immer wieder mal versteckte Aggression. Es gibt keinen Kampf, aber eine dominate Katze wird immer wieder versuchen, die andere Katze einzuschüchtern. Versteckte Aggression kann auch auftreten, wenn eine neue Katze in die bestehende Katzengruppe kommt.

Um sicherzugehen, dass das auftretende aggressive Verhalten eine Verhaltensauffälligkeit ist, sollte die Katze vom Tierarzt auf mögliche medizinische Auslöser untersucht werden. Denn Katzen mit einer krankhaften Überfunktion der Schilddrüse, einer Überempfindlichkeit für Berührungsreize und Epilepsie zeigen oftmals aggressives Verhalten. Eine Katze, die Schmerzen hat, wird ebenfalls aggressives Verhalten zeigen.

Auch, wenn es ein scheinbar unlösbares Unsauberkeitsproblem gibt, sollte man als Halter auf Aggressionen achten.

Um aggressivem Verhalten bzw. dem Auslöser auf die Spur zu kommen, sollte der Halter zusammen mit dem Tierarzt oder einem Katzenpsychologen zusammenarbeiten.

Testosteron ist ein erheblicher Faktor bei aggressivem Verhalten unter Katern. Kater kämpfen um Territorien und um Weibchen. Rechtzeitige Kastration, vor der Geschlechtsreife, kann das aggressive Verhalten mildern.

Der Beginn der sozialen Reife kann auch unter Katzen, die sich bis dahin gut verstanden haben, aggressives Verhalten auslösen. Hat man mehrere Katzen, die etwa gleich alt sind, sollte man als Halter auf passive Aggression achten. Nur, weil es kein Fauchen gibt, bedeutet dies nicht, dass nicht doch aggressives Verhalten gezeigt wird. Der Halter sollte auf Körperhaltung bis hin zur Nutzung der Katzentoilette alles miteinbeziehen bei seinen Beobachtungen.

Auch eine fremde Katze kann aggressives Verhalten auslösen, selbst, wenn diese Katze keine Zugang ins Haus hat.

Um aggressives Verhalten unter Katern in den Griff zu bekommen, sollten alle Kater kastriert sein und als Halter muss man dafür sorgen, dass alle ein entsprechendes Territorium finden können.

Als Halter muss man aber auch verstehen, dass es Katzen gibt, die mit Beginn der sozialen Reifen einfach nicht mehr miteinander klarkommen. Da helfen dann auch leider alle Bemühungen nichts. Diese Katzen müssen getrennt werden.

Eine verschreckte Katze wird immer erst versuchen, einem Konflikt aus dem Weg zu gehen und zu fliehen. Kann die Katze nicht fliehen oder wird in eine Ecke gedrängt, kann sich auf Aggression verfallen. Als Erstes wird die Katze eine defensive Körperhaltung einnehmen. Die Pupillen werden erweitert sein und die Katze wird grollen, fauchen und spucken. Die Katze wird solange die Körperhaltung beibehalten, bis sie entweder aus der Situation fliehen kann oder der Gegner verschwindet.

Katzen, die während ihrer Kittenzeit, nicht vielen beängstigenden Situationen ausgesetzt waren, werden Angstaggression häufiger an den Tag legen als andere Katzen. Oft zeigt sich die Angstaggression auch bei Tierarztbesuchen.

Wenn der kätzische Gegner oder der Mensch sich weiterhin nähert und es definitiv keine Möglichkeit der Flucht gibt, wird die verängstigte Katze sich auf den Rücken drehen, um sich jetzt mit all ihren Möglichkeiten (Krallen, Pfoten, Zähne) verteidigen zu können.

Wenn sich die Angstaggression nur auf den Tierarztbesuch bezieht, sollte der Halter einen Transportkorb kaufen, bei dem der obere Teil abgenommen werden kann, während die Katze im Bodenteil sitzen bleiben kann.

Zeigt die Katze die Angstaggression zu Hause, sollte der Halter die Katze entweder in einen abgedunkelten Raum sich erholen lassen oder, die Katze dort lassen, wo sie ist.

Zieht eine neue Katze ein, zeigen die „Altkatzen“ möglicherweise territoriale Aggression. Kann aber auch auftreten, wenn eine von zwei Katzen von einem Tierarztbesuch zurückkommt und so viele fremde Gerüche „mitbringt“.

Da Katzen innerhalb einer Hierarchie leben, muss man als Halter darauf achten, ob es Hinweise auf territoriale Aggression gibt. Ganz wichtig ist, dass eine neue Katze richtig in die bestehende Katzengruppe eingeführt wird.

Aber es gibt auch Katzen, die einfach nicht miteinander können und wollen. Da hilft dann nur, dass man die Räumlichkeiten neu aufteilt oder, dass eine der Katzen in ein neues Zuhause vermittelt werden muss.

Spielaggression richtet sich in der Regel nicht gegen Mitkatzen, sondern viel eher gegen den Halter. Spielaggression kann bei Katzen auftreten, die zu früh von der Mutterkatze und den Wurfgeschwistern getrennt wurden, und bei Handaufzuchten. Denn diese Katzen haben es nicht gelernt, was eine Grenze ist und wissen sich auch nicht dem entsprechend zu verhalten.

Ursache von Spielaggression kann aber auch falsches Spielen des Halters mit der Katze im Kittenalter sein. Spielt man mit Händen und Füssen mit dem Kitten, ist es noch niedlich und süß, wenn das Kitten Hand oder Fuß jagt. Es tut auch nicht so weh, wenn das Kitten doch mal die Krallen ausgefahren hat. Wird die Katze aber größer, alter und vor allem kräftiger, kann das Zuhauen mit Krallen oder das Beißen ganz schön wehtun. Aber wie soll die Katze verstehen, dass die Hand oder der Fuß plötzlich nicht mehr Spielzeug, Beute sind, wenn es doch die ganze Zeit so war. Hände und Füße sollten nie Bestandteil von Spielen mit einer Katze sein!

Spielt man mit seiner Katze, muss man darauf achten, wann die Katze von Spielen auf Aggression umschaltet. Am besten spielt man mit einer Angel, die genug Distanz zur Katze bietet, um zu vermeiden, dass man selbst die „Beute“ wird.

Ist eine Katze trotz Spieleinheiten immer noch auf Füße, Hände, Beine „abonniert“, sollte sich der Halter mit einer Wasserpistole bewaffnen. Springt die Katzen den Halter an, kann er sich mit der Wasserpistole „abschießen“. Dabei sollte aber nicht auf das Gesicht der Katze gezielt werden, sondern Seite oder Rücken. Ein „Schuss“ reicht in der Regel, um die Katze auf ihrem Angriff herauszuholen und die Situation so zu entspannen.

Eine andere Form von Aggression, die in einem Katzenhaushalt auftreten kann, ist die sogenannte umgerichtete Aggression. Umgerichtete oder umgeleitete Aggression tritt in solchen Situationen auf, in denen die Katze nicht an den Auslöser der Aggression direkt herankommt und sich daher etwas oder jemanden „sucht“, um Dampf abzulassen. Die Katze steht dabei derart unter Dampf, dass sie gar nicht realisiert, an wem sich ihre Aggression gerade auslässt.

Umgerichtete Aggression wird oft falsch gedeutet, weil man als Halter den Auslöser gar nicht mitbekommen hat. Auslöser kann z. B. eine fremde Katze vor dem Fenster sein. Wir als Halter sehen nur, dass Katze A Katze B anspringt und glauben, dass das aggressive Verhalten grundlos erfolgt ist, weil wir die Nachbarkatze nicht vor dem Fenster gesehen haben.

Ganz wichtig in solch einer Situation ist es, die beteiligten Katzen umgehend räumlich zu trennen. Durch die räumliche Trennung hat die angreifende Katze sich zu beruhigen und ein größerer Schaden in der Katzenbeziehung kann vermieden werden.

Hat man als Halter den Auslöser feststellen können, sollte man versuchen, den Auslöser zu unterbinden. Ist es die Nachbarkatze, kann man seine Fenster in der unteren Hälfte mit weißem Papier abdecken. Es kommt weiterhin genug Licht ins Zimmer, aber die eigene Katze kann nicht mehr nach draußen schauen für einige Zeit.

Aggression, die durch Schmerzen ausgelöst wird, ist eine weitere Form. Eine Verletzung oder unsachgemäße Handhabung der Katze durch kleine Kinder ist in der Regel der Auslöser für diese Form der Aggression.

Viele Katzenhalter werden die folgende Situation sicher schon selbst erlebt haben. Man sitzt abends gemütlich auf der Couch, schaut Fernsehen oder hört Musik und hat die Katze auf dem Schoss. Am Ende eines anstrengenden Tages trägt es zur Entspannung bei, wen man eine schnurrende Katze auf dem Schoss hat.

Doch plötzlich fährt die Katze hoch und verbeißt sich in die Hand, die sie gerade noch gestreichelt hat. Die Katze springt dann vom Schoss und setzt sich auf den Boden und putzt sich. Als Halter schaut man verwundert auf die gebissene Hand und weiß gar nicht, was gerade eben passiert ist.

Als Halter hat man den Eindruck, dass die Katze ohne Vorwarnung angegriffen hat. Da man aber durch das Fernsehen oder die Musik abgelenkt war, hat man die Warnzeichen, die eine Katze immer zeigt, bevor sie angreift, nicht gesehen bzw. nicht darauf geachtet.

Die meisten Katzen mögen es gestreichelt zu werden, erreichen aber irgendwann den Punkt, dass es ihnen zu viel wird. Oder, wenn die Katze schläfrig ist und döst, kann eine normale Instinkthandlung erfolgen, wenn sie dann plötzlich gestreichelt wird.

Reagiert die eigene Katze relativ empfindlich auf Streicheln, sollte man als Halter die Streicheleinheiten allgemein kürzer halten und beim Streicheln genauer auf die Körpersprache der Katze achten.

Eine dominate Katze zeigt aggressives Verhalten nicht nur Mitkatzen gegenüber, sondern auch schon mal dem Halter gegenüber.

Mutterkatzen zeigen auch gern mal aggressives Verhalten, wenn sie Nachwuchs haben. Sie versuchen, mit dem Verhalten Mitkatzen und Menschen gegenüber ihren Nachwuchs zu beschützen. Den Beschützerinstinkt einer Mutterkatze darf man nicht unterschätzen.

Um zu vermeiden, dass eine Mutterkatze ihren Nachwuchs verteidigen muss, sollte man die Wurfbox räumlich von den anderen Katzen im Haus trennen.

Stressbewältigung

Stress ist hat großen Einfluss auf das Leben einer Katze.

Meine Katze und ich

Auch, wenn man sich als Katzenhalter beim Anblick seiner Katzen nicht wirklich vorstellen kann, dass eine Katze Stress haben kann. Gerade, wenn sie gemütlich in der Sonne liegt. Aber Stress ist nicht zu unterschätzen.

Dadurch, dass Katzen territorial sind, reicht es schon, wenn eine fremde Katze ins Revier eindringt, um eine Katze in eine Stresssituation zu versetzen. Nicht zu unterschätzen ist auch der Stress, den eine Katze durch einen Tierarztbesuch hat.

Auch, wir als Katzenhalter können unseren Katzen Stress aussetzen, obwohl wir nur das Beste für sie wollen. Das plötzliche Wechseln des Katzenstreu oder mal eben eine neue Futtermarke.

Jede Veränderung der kätzischen Umwelt kann bei einer Katze Stress auslösen.

Stresssymptome können vielfältig sein. Am sichersten kann man als Halter Stress bei seinen Katzen erkennen, in dem man sie genau beobachtet. Achten Sie auf Änderungen im Verhalten, Aussehen, Hunger und Nutzung der Katzentoilette. Die auffälligsten Symptome sind Unsauberkeit und Markieren. Gestresste Katzen können sich auch sehr stark und sehr häufig putzen – auch Overgrooming genannt.

Andere Symptome können sein:

- Die Katze versteckt sich.
- Rückzug von den Haltern und den Mitkatzen.
- Die Katze wird immer anspruchsvoller und versucht ständig Aufmerksamkeit zu bekommen.
- Verstärktes Kratzen an Kratzmöglichkeiten (Kratzbaum, Kratzbrett, Teppich etc.).
- Übermäßig „gesprächig“.
- Weniger Hunger.
- Aggressive gegen eine Mitkatze oder den Halter.
- Vermeidung bestimmter Plätze.
- Katze putzt sich gar nicht mehr oder Katze putzt sich viel zu viel.
- Starke Unruhe.
- Durchfall.

- Verstopfung (möglicherweise aufgrund der übertriebene Fellpflege).
- Unsauberkeit.

Da die genannten Symptome auf medizinische Ursachen haben, muss der Halter durch einen Tierarzt abklären lassen, ob eine medizinische Ursache vorliegt.

Jede Katze in einer Katzengruppe geht mit Stress anders um. Als Halter sollte man ein Auge darauf haben, ob alle Katzen sich weiterhin „normal" benehmen oder, ob es ein, zwei Katzen gibt, die sich anders verhalten.

Hat man eine größere Katzengruppe, besteht die Gefahr einer „Überbevölkerung". Daher sollte man immer bedenken, dass eine weitere Katze, das Gefüge komplett aus der Balance bringen kann.

Auch, wenn der Entschluss eine weitere Katze aufzunehmen sehr schnell erfolgt ist, die Zusammenführung muss in Ruhe erfolgen. Denn sonst bedeutet die Zusammenführung Stress für alle Beteiligten – für die Katzen und auch für den Halter.

Katzen reagieren auf die verschiedensten Arten und Weisen auf Stress. Overgrooming wird dabei vom Halter schon mal „übersehen". Katzen sind anspruchsvoll, wenn es um ihre Fellpflege geht. Putzen ist für Katzen ein normaler Weg, um Angst zu reduzieren und sich zu beruhigen oder nach einer Stresssituation oder um Frustration abzubauen.

Geht die Fellpflege einer Katze ins Extreme, dann putzt sie sich an einer Stelle, bis diese nackt ist. Die Haut sieht völlig normal aus, aber das Fell ist nur noch stoppelig vorhanden. Dies wird psychogene Leckalopezie[12] genannt.

Um sicher zu sein, dass die übertriebene Fellpflege psychologisch ausgelöst ist, sollte ein Tierarzt die Katze auf Parasiten, Allergien und Überfunktion der Schilddrüse untersuchen.

Wird psychogene Leckalopezie diagnostiziert, gibt es in der Regel keinen Weg vorbei an Medikamenten. Wenn der Stressauslöser bekannt ist, muss

12 Die Psychogene Leckalopezie ist eine Verhaltensstörung bei Hauskatzen, die sich in einem krankhaft gesteigerten Putztrieb äußert und eine Hautentzündung (Dermatitis) mit Haarausfall (Alopezie) hervorruft.

dieser ausgeräumt werden. Ist das nicht möglich, muss mit der Katze gearbeitet werden, um ihren Stresslevel zu erhöhen. Hier bringt die Zusammenarbeit mit einem Katzenpsychologen wertvolle Hilfe.

Was uns als Katzenhalter oft nicht bewusst ist, dass auch unsere Katzen unter Trennungsangst leiden können. Aber auch unsere Katzen leiden unter Einsamkeit, Mangel an menschlichem Kontakt und plötzlichen Änderungen in unserem Tagesablauf. In einem Einkatzenhaushalt wird das häufiger auftreten als in einem Mehrkatzenhaushalt, aber auch in einem Mehrkatzenhaushalt kann es auftreten.

Ein häufig auftretendes Symptom von Trennungsangst ist Unsauberkeit. Die Katze wird eventuell verstärkt auf Kleidungsstücken sich erleichtern oder sogar im Bett.

Um einer Katze mit Trennungsangst, die Angst zu nehmen bzw. zu reduzieren, muss man als Halter ein paar Dinge ändern. Die kätzische Umwelt muss für die Katze interessanter werden, aber die gemeinsamen Spieleinheiten dürfen auch nicht fehlen.

Auch Angst vor Fremden kann bei Katzen Stress auslösen. Es gibt Katzen, die sie immer mittendrin und andere Katzen, die sich erst einmal zur Sicherheit verstecken. Ist der Besuch sehr an den Katzen interessiert, wird er die Angst nur verstärken, wenn er trotz Ihrer Bedenken versucht die Katze in ihrem Versteck zu erreichen. Katzen haben, wie wir Menschen auch, eine Komfortzone, in der sie Fremde nicht gestatten.

Altern und Krankheit

Das Leben in einem Mehrkatzenhaushalt kann jahrelang ohne Probleme verlaufen, bis dann plötzlich Krankheit das soziale Gefüge gehörig durcheinanderbringen kann. Denn wird eine Katze krank, betrifft es nicht nur diese eine Katze, sondern alle Katzen und auch den Halter.

Aber nicht nur Krankheit kann das Gefüge in der Katzengruppe

Quelle: Wikipedia

durcheinanderbringen, sondern auch das Altern einzelner Katzen. Das Altern fällt nicht unbedingt so vordringlich ins Auge, bis eine Katze scheinbar plötzlich Probleme hat, irgendwo hochzuspringen oder brummig reagiert, wenn sie beim Ruhen und Dösen gestört wird.

Je früher man sich als Halter auf solche Situationen einstellt, um so besser kann man beim Eintritt reagieren.

Eine Katze mit einer ansteckenden Erkrankung muss von der Katzengruppe getrennt werden, aber eine Katze mit einer chronischen Erkrankung kann durchaus weiterhin ein aktives Mitglied der Katzengruppe sein. Sollte die Erkrankung aber Schmerzen mit sich bringen, ist es besser, die Katze separat zu halten, sie aber nicht zu isolieren. Mitkatzen, mit denen sich die Katze nach wie vor gut versteht, sollten Gesellschaft leisten können.

Hat man Seniorenkatzen in seiner Katzengruppe, sollte man als Halter versuchen den Katzen das Älterwerden so angenehm wie möglich zu machen, denn die Katze selbst merkt nicht, dass sie älter geworden ist.

Bei Seniorenkatzen kann es vorkommen, dass ihre Sinne – Hören, Riechen, Schmecken, Sehen – nach und nach schlechter werden. Hört eine Katze schlechter, sollte man sich ihr bewusst langsamer nähern und versuchen ihr von vorne zu begegnen, bevor man sie anfasst oder hochhebt. Hat die Sehkraft nachgelassen, sollte man vermeiden Möbel umzustellen oder neue hinzufügen. Das Gleiche gilt natürlich auch für die Futter- und Trinkplätze. Denn die Katze geht „ihre“ Wege, die ihr über die Jahre bekannt sind.

Kranke oder ältere Katzen sind nicht mehr so aktiv und bewegen sich viel weniger als früher. Dadurch können sie ihren Status in der kätzischen Hierarchie verlieren.

Im Alter sollte eine Katze regelmäßig vom Tierarzt untersucht werden, damit sichergestellt ist, dass es der Katze gesundheitlich gut geht. Altersbedingt kann z. B. chronisches Nierenversagen, Diabetes oder Arthritis auftreten. Wird die Diagnose frühzeitig gestellt, kann in Zusammenarbeit mit dem

Tierarzt ein Behandlungsplan erstellt werden, der der Katze hilft, noch ein paar schöne Jahre zu haben.

Um den veränderten Anforderungen einer Seniorenkatze nachzukommen, kann man sich als Halter ein paar Veränderungen der kätzischen Umwelt einfallen lassen. Schaffte es die Katze in jungen Jahren vom Boden ohne Weiteres oben auf den Schrank zu gelangen, schafft sie es im Alter vielleicht nicht einmal mehr auf den Lieblingsstuhl.

Kratzbäume mit Ebenen in verschiedenen Höhen sind eine Hilfe. Aber manchmal sind einzelne Ebenen doch zu weit auseinander. Wenn machbar, kann man vielleicht die eine oder andere Ebene an den Kratzbaum hinzufügen. Man kann aber auch eine Katzenleiter oder –treppe kaufen, um der Katzen den Aufstieg zu erleichtern.

Seniorenkatzen bevorzugen warme Plätze jetzt noch mehr als früher. Eine Heizungsliege an der warmen Heizung kann sich schnell als bevorzugter Ruheplatz entpuppen. Aber auch eine Fensterbank, auf der ein kuscheliges Bettchen steht, wird der Seniorkatze zusagen.

Eine Katze, die aufgrund von Arthritis nicht mehr so beweglich ist, kann bei der Nutzung der Katzentoilette schon beim Rein- und Rausklettern Probleme bekommen. Daher sollte man Ausschau nach einer Katzentoilette halten, die einen niedrigeren Einstieg bietet.

Bei Seniorenkatzen kann es auch zu Unsauberkeit kommen, die die Katze aber nicht „absichtlich“ verursacht. Bei Problemen mit den Nieren kann es schon mal passieren, dass die Katze nicht schnell genug auf die Katzentoilette kommt oder so tief und fest schläft, dass sie auf die Anzeichen ihrer Blase nicht reagiert. Hier muss man als Halter versuchen, eine Lösung zu finden.

Meine Katze und ich

Foto: Tina Krogull - Meine Katze und ich

Unser Seniorkater Samson hatte vor allem nachts das Problem, dass er es nicht auf die Katzentoilette schafft. Wir haben ihm daher abends immer eine Katzenwindel angezogen, die er akzeptiert hat. Morgens wurde die Windel entfernt und sie war wirklich jedes Mal benutzt worden.

Auch, wenn die Seniorkatze ein Alter erreicht hat, in dem sie bevorzugt mehr ruht als aktiv zu sein, darf man das Spielen mit der Katze nicht außer Acht lassen. Katzen spielen bis ins hohe Altern gern, sind dabei aber nicht mehr so schnell oder so lange dabei wie früher.

Seniorenkatzen schlafen, dösen und ruhen weitaus mehr als noch in jungen Jahren. In einem Mehrkatzenhaushalt mit Katzen unterschiedlichen Alters sollte man daher Sorge dafür tragen, dass die Seniorkatze Rückzugsmöglichkeiten hat und nicht von den anderen Katzen gestört wird.

Eine Situation, auf die man sich als Halter von Seniorkatzen einstellen muss, ist, dass die Katze irgendwann „geht“. Es ist schmerzhaft und hart, wenn diese Situation eintritt und sich wirklich darauf vorbereiten kann man nicht.

Katzen spüren, wenn wir trauern. Sie tun dies auch, aber bei Katzen kommt noch hinzu, sie verstehen nicht, warum wir uns nicht „normal“ verhalten.

Meine Katze und ich

Durch den Tod einer Katze aus der Katzengruppe wird es zu Änderung in der kätzischen Hierarchie kommen. Damit ist zu rechnen.

Als Halter sollte man damit warten, eine neue Katze in die Gruppe auszunehmen, bis wirklich alle – Katzen und Halter – die Trauer verarbeitet haben. Denn sonst kommt die neue Katze in einer Situation dazu, die sowieso schon nicht einfach ist.

Trauer

Trauer bei Katzen – Trauernde Katzen

Was wir „Dosenöffner“ oft nicht wissen oder auch unbewusst verdrängen – ist die von vielen gemachte Erfahrung, dass Katzen bei Tod eines Artgenossen oder eines Halters regelrecht trauern können. Da wo wir Menschen Trost und Halt durch Gespräche mit anderen Menschen finden, ist eine Katze auf den Trost ihrer Bezugsperson oder einer ihr nahestehenden Person angewiesen.

Verstirbt der Artgenosse, löst der Tod bei der verbliebenen Katze Verwirrung aus, denn die Katze versteht nicht, warum der Artgenosse nicht mehr da ist. Selbst, wenn sich der Tod des Artgenossen sich durch Krankheit angekündigt hat. Durch den Tod des Halters bricht für die Katze eine Welt zusammen, denn sie hat nicht nur ihre Bezugsperson verloren, sondern verliert dann meist auch ihre gewohnte Umgebung.

Eine Katze muss ihr Verhalten nicht grundsätzlich erkennbar für den Halter ändern, wenn der Artgenosse verstorben ist. Manche Katzen verhalten sich trotz Trauer weiterhin wie bisher. Andere Katzen ziehen sich immer mehr in sich selbst zurück und bedürfen der Aufmerksamkeit und Liebe des Halters. Wieder andere Katzen blühen regelrecht auf und werden offener und selbstbewusster. Diese Katzen hatten sich im Zusammenleben mit den verstorbenen Artgenossen immer untergeordnet.

Es ist nachgewiesen, dass Katzen zwischen 3 und 12 Monaten trauern können. In diesem Zeitraum kann es vorkommen, dass die trauernde Katze keinen neuen Artgenossen akzeptieren wird. Der neue Artgenosse wird dann als Eindringling und Störenfried oder gar als Feind betrachtet und entsprechend grob behandelt.

Daher sollte der Halter mit viel Einfühlungsvermögen und Beständigkeit mindestens 3 Monate, wenn nicht sogar 1 Jahr, warten, bevor ein neuer

Artgenosse einzieht. Ansonsten kann es zu starken Konflikten kommen. Denn je nach Alter, Charakter und körperlicher Verfassung kann es passieren, dass sich die trauernde Katze völlig zurückzieht und sich aufgibt. Aber auch starke Aggression, übermäßiges Putzen und Lecken bis zur Selbstverletzung sind mögliche Reaktionen auf den verfrühten Einzug eines neuen Artgenossen.

Wichtig ist es für die Katze durch viel Körperkontakt (sofern von der Katze zugelassen und gewünscht) und Aufmerksamkeit (bitte auch nicht Übertreiben) und Zuwendung vom Halter zu bekommen. Zusätzlich können Bachblüten unterstützend eingesetzt werden und helfen der Katze oftmals mit ihrer eigenen Trauer und der Trauer des Halters umzugehen, denn die Katze spürt, dass auch der Halter trauert.

Die Katze “gehen” lassen

Dieses Thema ist kein leichtes, aber es gehört zum Leben und zur Katzenhaltung dazu. Jeder Katzenhalter, der schon mal die Entscheidung treffen musste, weiß, wie schwer sie ist.

Die Entscheidung sollte aber immer im Sinne der Katze getroffen werden. Egoismus des Halters ist an dieser Stelle völlig falsch.

Egal, in welchem Alter die Katze ist, die Entscheidung zu treffen ist immer schwer. Auch kann man sich nicht wirklich darauf vorbereiten. Selbst, wenn die Katze schon länger erkrankt ist oder eine chronische Erkrankung vorliegt, nimmt es einem ein wenig die Luft, wenn der Tierarzt mehr oder weniger dezent das Thema anspricht.

Laut Tierschutzgesetz ist es erlaubt Tiere zu töten, wenn das Weiterleben des Tieres mit nicht behebbaren Schmerzen und Leiden verbunden ist. Ein Tierarzt, der ein Tier trotz Schmerzen und Leiden nicht erlöst, handelt gegen das Tierschutzgesetz. Man könnte es als eine Art von unterlassener Hilfeleistung sehen.

Meine Katze und ich

Ist eine Katze schon länger krank oder leidet an einer chronischen Erkrankung ist der "richtige" Zeitpunkt nicht immer einfach zu finden. Ein Katzenhalter kennt seine Katze am besten und kann in der Regel einschätzen, ob die Katze noch Lebensqualität hat.

Es gibt aber durchaus Gründe, die die Entscheidung die Katze jetzt "gehen" zu lassen untermauern:

- Schmerzen, die nicht mehr durch Schmerzmittel gelindert oder gemildert werden können.
- Erhebliche Bewegungseinschränkungen, die es der Katze unmöglich machen sich selbst von einem Platz zum anderen zu bewegen.

Muss die Katze eingeschläfert werden, sollte man mit seinem Tierarzt besprechen, ob er dafür einen Hausbesuch machen kann oder, aber man sollte sich einen Termin außerhalb der normalen Sprechzeiten geben lassen.

Das Einschläfern der Katze ist wörtlich zu nehmen. Der Tierarzt spritzt der Katze das Narkosemittel in einer Überdosis. Die Katze fällt in wenigen Sekunden in die Bewusstlosigkeit. Wenn das Herz aufhört, zu schlagen und kein Atem mehr erfolgt, ist der Tod eingetreten.

Aus eigener – zweifacher – Erfahrung: Für mich persönlich ist beide Male eine Welt zusammengebrochen. Aber ich habe versucht für unsere Katzen, Samson (18 1/3 Jahre) und Cleo (6 Monate), bis zu ihrem letzten Atemzug da zu sein. D. h., ich habe meine Trauer nach hinten geschoben, um beiden einen sanften Übergang zu geben und sie bis zuletzt spüren lassen, dass sie nicht allein sind. Sie sind beide in meinem Armen "gegangen".

Hat man sich von seiner Katze verabschiedet, sollte man die Trauer um die Katze nicht verbergen oder unterdrücken. Allerdings sollte man sich auch nicht in die Trauer steigern.

Beides – Verleugnung der Trauer und Reinsteigern in die Trauer – verhindert, dass man sich an die gemeinsame schöne Zeit, egal wie lang oder kurz, erinnern kann.

Die Katze lebt im eigenen Herzen und in den Erinnerungen weiter.

Printed by Books on Demand GmbH, Norderstedt / Germany